열매로 안다

열매로 안다

발행일   2024년 5월 10일

지은이   김태완
펴낸이   손형국
펴낸곳   (주)북랩
편집인   선일영   편집   김은수, 배진용, 김현아 김다빈, 김부경
디자인   이현수, 김민하, 임진형, 안유경, 최성경   제작   박기성, 구성우, 이창영, 배상진
마케팅   김회란, 박진관
출판등록   2004. 12. 1(제2012-000051호)
주소   서울특별시 금천구 가산디지털 1로 168, 우림라이온스밸리 B동 B113~115호, C동 B101호
홈페이지   www.book.co.kr
전화번호   (02)2026-5777   팩스   (02)3159-9637

ISBN   979-11-7224-102-5 03230 (종이책)   979-11-7224-103-2 05230 (전자책)

(주)북랩 성공출판의 파트너
북랩 홈페이지와 패밀리 사이트에서 다양한 출판 솔루션을 만나 보세요!
홈페이지 book.co.kr   • **블로그** blog.naver.com/essaybook   • **출판문의** book@book.co.kr

---

작가 연락처 문의 ▶ ask.book.co.kr
작가 연락처는 개인정보이므로 북랩에서 알려드릴 수 없습니다.

열매로 안다

김태완 지음

 북랩

◆ ◆ ◆

　당신이 만일 그리스도의 초보(구원의 교리:회개, 세례, 안수, 부활, 심판)에 머물러 있으면서 신앙이 성장(열매:믿음의 삶)하지 않는다면, 당신을 바라보시는 하나님 아버지 마음은 어떠할까?

　옛사람(죄인)을 구원 얻게 하는 회개는, 율법이나 도덕이나 세상 법의 회개 이전에 먼저, 예수그리스도 이름으로 세례받음(대 속주로 믿음)이다. 그러나 구원은 그리스도 예수를 믿는 순간 다 이룬 것이 아니고 육신의 장막을 벗는 날까지, 구원 얻은 믿음이 자라가야 한다. 그래서 성경 빌2:12에서는 "항상 말씀에 복종하여 두렵고 떨림으로 너희 구원을 이루라"고 하셨고, 고후1:22에서는 "구원 얻은 믿음을 인치고 그 보증으로 그 마음에 성령을 주셔서, 열매 맺게 하셨다"고 하셨다.

　히6:1] 그러므로 우리가 그리스도 도의 초보를 버리고 죽은 행실을 회개함과 하나님께 대한 신앙과 2] 세례들과 안수와 죽은 자의 부활과 영원한 심판에 관한 교훈의 터를 다시 닦지 말고 완전한데 나아갈지니라 당신이 교회 공동체의 구성원이면서도, 구원에 회의를 느끼며 신앙의 갈등으로 방황하고 있다면, 어쩌면 당신은 참된 회개를 하지 않은 것일 수도 있다. 이는 당신이 그리스도의 초보에서 벗어나지 못하는 원인이 된다. 당신이 그리스도의 초보에 머물러 있지 않고, 더 깊은 진리로 나아가는 것은, 건강한 그리스도인의 품격을 유지하는 것으로, 구원(회개)에 합당한 열매를 맺는 신앙의 생활화이다. 이는 하나님께서 약속하신 것(영생)을 상속받은 사람들을 본받는 것이다(히6:1~12). 하나님께서는 이를 위해, 회개하고 예수그리스도 이름으로 세례받은 사람(결신자)의 모든 죄를 조건 없이 용서하시고, 성령을 선물로 주셔서 회개(구원)에 합당한 열매를 맺게 하시고, 하나님께 영광 돌리는 그의 후사(상속자)가 되게 하셨기 때문이다.

성경은 좋은 열매를 맺지 않는 나무마다 찍혀 불에 던져지는 것처럼, 만일 회개에 합당한 열매가 없으면, 마지막 날에 하나님의 진노를 피할 수 없다고 하시며(마3:7~12), 영생 유업이 없다고 하신다. 그러므로 성령으로 충만해야 한다. 본서를 통해 독자들이 성령으로 충만하여, 회개(구원)에 합당한 열매를 맺고, 영생 유업을 잇는 하나님의 후사가 되기를 기대한다.

2024년 4월 문경에서

김태완 목사

차례

$$\blacklozenge \blacklozenge \blacklozenge$$

　성경 눅13:5 이하에서, 어느 한 종이 포도원에 무화과나무를 심고, 삼 년 동안 열심히 김을 매고 거름을 주고 가지치며 잘 가꾸었다. 그러나 열매가 열리지 않자 주인은 그 종에게, 그 나무를 찍어 버리라고 했다. 종은 "한 해만 더 김을 매고 거름을 주겠다"하며, "만일 이후에도 실과가 없으면 찍어 버리소서" 했다.

　과일나무에 열매가 열릴 때(3~4년)가 되었는데도 열매가 없는 것처럼, 여러 해 동안, 하나님 말씀을 듣고 가르침을 받았으면서도, 믿음(열매)으로 살지 못하므로 열매를 맺지 못하면, 열매가 열리지 않는 포도원의 무화과나무와 같다는 의미다. 유실수는 열매를 맺어야 하는 것처럼, 회개한 자는 그에 합당한 열매가 있어야 한다.

　본서 제1~2장은, 인간의 존재와 죄 그리고 그리스도의 영원한 생명에 대해 기술했고, 제3~5장은, 하나님께서 죄인을 불쌍히 여기시어 구원하시고, 그 마음에 성령을 두시고 굳은 마음을 새롭게 하심을 기술했다. 그리고 제6장은, 영적 예배로 회개에 합당한 열매를 맺는, 하나님의 후사(상속자)에 대해 기술하고, 제7장은 열매 없는 자의 심판을 기술했다. 끝으로 맺는말에서는 예수 안에서 열매 맺게 하시는 성령에 대해 기술했다. 이 작은 책이 신앙의 갈등으로 고민하는 형제들에게, 회개의 바른 길잡이가 되어서, 많은 열매가 맺히기를 간절히 소망한다.

제1장

처음 사람 아담

　하나님께서는 태초에 말씀으로, 사람(아담과 하와)을 비롯하여 천지 만물을 창조하셨다. 그리고 동쪽의 에덴에는 살기 좋은 동산을 만드시고, 보기에 아름답고 먹기에도 좋은 나무가 있게 하시고, 그 동산 가운데는 생명 나무와 선악을 알게 하는 나무도 있게 하셨다. 하나님께서 아담(하와)에게 그 동산을 다스리고 지키게 하셨으나, 마귀의 유혹에 미혹되어, 하나님 말씀에 불순종하고 그 동산에서 쫓겨나고 말았다.

사람의 존재성
(인간의 존엄성)

태초에 하나님이

하늘과 하늘의 해, 달, 별과 땅과 바다는 언제부터 어떻게 존재하게 되었을까? 또 사람을 비롯하여 땅 위의 모든 생물과 공중의 새와 바다의 생물들은 언제부터 어떻게 있게 된 것일까?

창1:1] 태초에 하나님이 천지를 창조하시니라 2] 땅이 혼돈하고 공허하며 흑암이 깊음 위에 있고 하나님의 신은 수면에 운행하시니라 3] 하나님이 가라사대 빛이 있으라 하시매 빛이 있었고 4] 그 빛이 하나님의 보시기에 좋았더라 하나님이 빛과 어두움을 나누사 5] 빛을 낮이라 칭하시고 어두움을 밤이라 칭하시니라 저녁이 되며 아침이 되니 이는 첫째 날이니라

성경은 태초에 하나님께서 사람을 비롯하여 우주 만물의 모든 것을, 엿새 동안 말씀으로 창조하시고, 일곱째 날에 안식하셨다고 기록하고 있다. 하나님께서 천지 만물을 창조하시던 날, 땅에는 나

무 한 그루, 풀 한 포기는 물론, 채소 한 포기도 없었다고 했다. 땅에서는 안개만 자욱하게 올라와, 온 지면을 적시고 있었는데, 이는 하나님께서 땅에 비를 내리지 않았기 때문이며, 아직 땅을 경작할 사람도 없었기 때문이라고 했다(창2:4~6).

온 우주는 깊고 깊은 흑암으로 휩싸여 있었고, 하나님의 신(성령)은 그 깊고 어두운 수면 위를, 마치 어미 닭이 병아리를 품듯이 휘감아 돌고 있었다. 이때 하나님께서, "빛이 생겨나 밝게 비추라" 말씀하심으로 빛이 있었고, 그 빛이 "하나님이 보시기에 좋았다"라고 하셨다. 하나님께서 빛과 어두움을 나누시고, 빛을 낮이라 하시고 어두움을 밤이라 하셨다. 저녁이 되며 아침이 되니 이는 첫째 날이라고 하셨다(창1:1~5).

이처럼 둘째 날에는 하늘(궁 창)을 창조하시고, 셋째 날에는 물, 바다, 풀, 채소, 열매 맺는 과목 나무를 있게 하셨다. 넷째 날에는 해, 달, 별을 창조하셨으며, 다섯째 날에 새와 물고기를 창조하시고, 여섯째 날에는 동물과 사람을 창조하셨다. 하나님께서는 엿새 동안 말씀으로 우주 만물의 모든 것을 창조하시고, 일곱째 날을 복 주셔서 거룩하게 하시고, 그가 창조하시고 만드시던 모든 일을 마치시고, 이날에 안식하셨다(창1:6~2:3).

각기 그 종류대로

성경은 태초에 하나님께서, "'땅과 공중과 물속의 모든 것들을, 각기 그 종류대로 내라' 하심으로 그대로 되었다"라고 하시며, 사람을 비롯하여 우주 만물의 모든 것을, 말씀으로 창조하셨음을 다음과 같이 기록하고 있다.

"땅은 풀과 씨 맺는 채소와 씨 가진 열매 맺는 과목을, 각기 그 종류대로 내라' 하심으로 그대로 되었다(창1:11~12)."

"물에서 사는 모든 생물과 공중의 날개 있는 모든 새도, 그 종류대로 내라' 하심으로, 그대로 되었다(창1:20~21)."

"땅의 가축과 기는 것과 짐승을, 그 종류대로 내라' 하심으로, 그대로 되었다(창1:24~25)."

"하나님께서는 흙으로 각종(각기 그 종류대로) 들짐승과 공중의 각종(각기 그 종류대로) 새를 지으시고, 그것들을 아담에게 이끌어 오셔서, 그에게 이름을 짓게 하셨다(창2:19~20)."

다음은 한국 창조과학회 '창세기의 과학적 이해'에서, 진화론의 주장이 허구임을 반박하는 내용을, 일부 발췌 인용했다.

"진화론자들은 나무의 한 종류가, 다른 종류로 변화되는 것조차 발견하지 못했다."

"모든 과일이나 나무나 꽃이나 채소나 풀은, 처음부터 지금까지 그 과일, 그 나무, 그 꽃, 그 채소, 그 풀이다."

"포도나 자두는 처음부터 오늘날까지 포도이고 자두다. 도중에 포도가 자두로, 자두가 포도로 변화되지 않았다."

"종(種)은 생물학적 단어이며, 서로 교배하여 새로운 개체를, 생산해 낼 수 있느냐 없느냐로, 같은 종 혹은 다른 종으로 구분한다 (창1:24~25)."

"예1] 노아의 방주 속에는 한 쌍의 개가 있었다. 현재는 여러 가지 다양한 종류의 개들(진돗개, 풍산개, 세퍼드, 시베리아허스키 등)이 있다. 이는 생물학적 변이의 결과다."

"예2] 당나귀와 암말을 교배하면 노새가 태어난다. 또 다른 노새가 필요하면 이 과정을 반복해야 한다. 모든 노새는 불임이며 번식할 수 없기 때문이다. 이는 당나귀와 말은 그 종(종류)이 서로 다름으로 노새는 스스로 번식하지 못한다."

"예3] 암사자와 수호랑이를 인위적으로 교배시키면, 그 후손은 태어나지만, 거의 불임이다. 제2대 후손은 없기 때문이다."

"자연 상태에서는 잡종의 교배가 일어나지 않는다."

"총각 참새는 처녀 제비에게 관심을 가지지 않는다."

"진화론이 주장하는 대로, 종류를 뛰어넘는 생명체의 변화는 일어나지 않는다."

하나님의 형상과 모양대로(사람의 창조)

성경은 태초에 하나님께서 사람(남자와 여자)을, 말씀으로 창조하셨다고 다음과 같이 기록하고 있다.

> 창1:2] 하나님이 자기 형상 곧 하나님의 형상대로 사람을 창조하시되 남자와 여자를 창조하시고
> 창2:7] 여호와 하나님이 흙으로 사람을 지으시고 생기를 그 코에 불어 넣으시니 사람이 생령이 된지라

여호와 하나님께서 흙으로 사람(형상)을 손수 빚으시고, 그(형상) 코에 생명의 기운(생기)을 불어넣으므로, 그 사람의 형상이 숨을 쉬며 살아 움직이는, 생 영(산 영:아담)이 되었다고 말씀하신다. 하나님께서 그를 위해 돕는 배필을 주시기 위해, 아담을 깊이 잠들게 하시고, 그의 갈빗대 하나를 취해서 살로 대신 채우시고, 아담에게서 취하신 그 갈빗대로 여자를 만드시어, 그를 아담에게로 이끌어 오셨다. 아담은 그 여자를 보고 "이는 내 뼈 중의 뼈요, 살 중의 살"이라고 기뻐하며, "이것을 남자에게서 취하였으니 여자"(성의 구분)라고 했다(창2:21~23).

하나님께서 태초에 사람을 비롯하여, 우주 만물의 모든 것을 창조하실 때, 다른 피조물과는 달리 특별히 사람은, 그의 거룩하시고 존귀하신 형상과 모양을 따라 지으시고 복을 주시며, 에덴동산

으로 이끌고 가서서, 그가 창조하신 모든 피조물을 다스리며 지키라는, 특별한 임무를 부여하셨다. 이는 하나님께서 그가 창조하신 모든 피조물의 세계를, 사람과 서로 교통하시면서 함께 경영하시겠다는 의지의 표현이다(창1:27~28).

우리 조상은 원숭이래?

그러나 오늘날 세상 지식은, 태초에 하나님께서 모든 우주 만물을 말씀으로 창조하심을 전면 부정하며, 사람을 비롯하여 이 세상 모든 생명 있는 피조물(동식물)은, 처음에 어떤 대변혁이나 사건에 의해 생성된 어떤 존재가, 오랜 세월 동안 진화의 과정을 거쳐, 오늘날의 우월한(진화한) 존재가 되었다고 주장한다.

그들은 특히 사람의 기원에 대하여, 어떤 미생물로부터 자연 발생적으로 생성된 어떤 존재가, 수많은 세월을 거치면서 원숭이로 진화되고, 또 그 원숭이가 오랜 세월을 거치는 동안 진화해서, 마침내 오늘날과 같은 만물의 영장인 사람이 되었다는, 헛된 주장을 하며 가르치고 있다. 이는 사람이 여호와 하나님께 그의 형상과 모양을 닮은, 거룩하고 존귀하게 지음을 받은 존재임을, 심각하게 훼손하는 원인이 된다. 그래서 언제부터인가 사람들은, 일부 지식인들의 이 헛된 주장(진화론)에 현혹되어, "우리 조상은 원숭이래"라고 믿고 있다. 사람의 조상이 원숭이가 아닌 이유는 무엇일까? 성경 말씀에서 몇 가지 예를 살펴보자.

 첫째, 성경은 태초에 하나님께서 사람(아담)을 창조하실 때, 그의 형상과 모양을 따라, 흙으로 손수 빚으셨다고 말씀하신다. 사람이 하나님께, 그의 형상과 모양을 닮은 존재로 지음을 받았다는 것은, 그의 속성(성품:신성과 인성)을 닮았다는 의미다. 그러므로 사람은 원숭이가 진화되어 원숭이를 닮은 존재가 아니고, 하나님 형상과 모양을 닮은, 아주 특별하고 존귀한 존재다.

 하나님께서 아담의 갈빗대로 여자를 만드시고 아담에게 이끌어 왔을 때, 아담은 그를 여자(성의 구분)라고 했다(창2:21~25). 하나님께서 처음 사람(아담과 하와)을 지으실 때, 아기를 낳을 수 있는 성숙한 사람으로 지으신 것처럼, 다른 모든 동식물도 알이나, 어린 새끼(동물), 또는 씨앗(식물)을 먼저 있게 하시지 않고, 지금 우리가 눈으로 보고 있는 그대로, 생육하고 번성할 수 있는 성숙한 존재로 창조하셨다. 어떤 사람들은, "닭이 먼저냐 알이 먼저냐?" 하면서, 서로 자기 생각이 옳다고 주장한다. 그러나 하나님께서는 인간을 비롯한 우주 만물의 모든 것을, 처음부터 생산이나 번식이 가능한 성숙한 존재로 창조하셨다.

 둘째, 사람의 생각과 계획과 창조성과 도덕성과 의사소통과 모든 분별력 등은, 하나님의 속성을 닮았다. 지금까지 수천 년(성경 역사)을 이어오는 동안, 원숭이를 닮은 어떤 존재가, 사람처럼 하나님과 의사를 소통하며 생각하고 계획하고 창조적이고 도덕적이고, 모든 분별력이 있었다는 기록(흔적)은 어디에도 없으며, 앞으로도 영원히 없을 것이다. 이는 태초부터 원숭이는 지금의 원숭이로, 사람은 지금의 사람으로 창조되었기 때문이다.

셋째, 한 분이신 하나님께서 성부, 성자, 성령의 삼위일체가, 서로 유기적으로 역사하시고 상호작용하는 것처럼, 인간도 각 사람이 영, 혼, 육의 세 요소로 구성되어 있으며, 유기적으로 상호 작용한다. 이는 인간이 하나님께 그의 형상과 모양을 닮은 존재로 지음을 받았기 때문이다. 그러나 원숭이를 비롯하여 다른 어떤 동물도, 그 구성요소가 인간처럼 영, 혼, 육으로 구성되어 있지 않기 때문에, 서로 유기적으로 작용하지 않는다. 그러므로 인간 외에 다른 어떤 동물도, 인간처럼 영이 존재한다고 볼 수 없으므로, 사람을 제외한 어떤 존재도 구원 얻을 수 없다. 구원은 사람의 영(심령, 영혼)이 거듭나는 것이기 때문이다. 이는 사람이 원숭이가 아닌 하나님을 닮은 존재인 이유다.

넷째, 하나님께서 사람을 지으신 목적은, 그가 지으신 인간에게 찬송과 영광을 받기 위함(사43:7, 21)이라고 하셨다. 그러므로 사람은 거룩하시고 존귀하신 하나님께, 찬송과 영광을 드려야 하는 영광스러운 존재다. 그러나 지금까지 수천 년(성경 역사) 동안, 사람과 원숭이의 중간단계의 어떤 원숭이 인간이, 하나님을 찬송하고 영광 돌리며, 하나님과 교제했다는 기록이나 흔적이, 성경이나 다른 어떤 문헌에서도 확인된 사례가 없으며, 앞으로도 영원히 없을 것이다. 이는 하나님께서 태초에 사람을 지금의 사람으로 지으신 것처럼, 원숭이도 지금의 원숭이로 지으셨기 때문이다.

다섯째, 지금 이 시대의 원숭이가, 앞으로 수천억 년을 진화해도, 그 원숭이가 인간처럼, 글자나 숫자나 언어로 서로 의사소통하거나 계산할 수도 없을 것이다. 그리고 기계나 컴퓨터를 조작하거나, 문학이나 철학이나, 예술을 감상하거나 이해할 수도 없을 것이다. 왜냐하면 고대 시대부터 지금까지 그 중간단계의 어떤 원숭이 인간이, 인간처럼 서로 의사를 소통하거나, 숫자를 계산하거나 기계를 조작하거나, 문학과 철학과 예술 등을 이해하거나 관여한 흔적이나 기록이 없기 때문이다.

여섯째, 지금까지 원숭이가 사람으로, 진화하는 중간단계의 어떤 화석이나, 그 과정의 어떤 원숭이 인간도 발견된 사례가 없다고 한다. 이는 앞으로도 영원히 그런 사례는 없을 것을 반증하는 것이며, 이는 또 처음부터 원숭이는 원숭이로, 사람은 사람으로 지음 받았음을 시사한다.

세상 지식(진화론)이 주장하는 대로 사람이 만일, 창조주의 계획이나 목적도 없이 수많은 세월을 거치는 동안, 어떤 미생물로부터

우연히 자연 발생적으로 생성되어 원숭이로 진화되고, 또 그 원숭이가 오늘날과 같은 인간으로 진화된 존재라면, 인간은 존엄해야 할 필요도 이유도 없을 것이다. 그러나 성경은, 원숭이가 진화되어, 오늘날의 인간이 된 것이 아니고 태초에 하나님께서 그의 형상과 모양을 따라 손수 지으신, 처음 사람 아담의 후예라고 말씀하고 있다. 이는 사람이 원숭이의 형상과 모양을 유전 받은 존재가 아니라, 하나님의 거룩한 형상과 모양을 유전 받은 거룩하고 존귀한 존재라는 증거다.

인간의 존재 의미는, 사람을 이 땅에 존재하게 해주신 거룩하 고 존귀하신 하나님 안(형상과 모양)**에 있다. 그러므로 인간의 삶에 참 목적과 가치는 하나님 안에서 찾아야 한다.** 그러나 만일 원숭이가 사람의 조상이라면, 인간 삶의 참 목적과 가치를 찾기 위해서 원숭이를 연구해야 하는, 웃지 못할 어리석은 일이 발생하는 것이다. 그런데도 당신의 조상이 원숭이라고 믿는가?

사람의 본분(하나님께 찬송과 영광)

하나님께서 사람을 자기 형상과 모양대로 지으심은 사람을 자기의 속성(신성과 인성)을 닮은 존재로 지으셨다는 의미다. 이는 하나님께서 사람을 자기 앞으로 불러내서(구원), 서로 화목하게 교제하며 찬송과 영광을 받기 위함이라고 하셨다. 그러므로 사람은 하나님께 찬송과 영광을 돌리는 것이 그 본분이다.

> 사43:7] 무릇 내 이름으로 일컫는 자 곧 내가 내 영광을 위
> 하여 창조한 자를 오게 하라 그들을 내가 지었고 만들었느니
> 라 21] 이 백성은 내가 나를 위하여 지었나니 나의 찬송을 부
> 르게 하려 함이니라(엡2:10)

하나님께서는, 특별히 이스라엘 민족을 자기 백성으로 선택하시
고, 때가 되매 그 아들 예수그리스도를, 화목의 희생제물로 세우시
고 그를 믿는 사람마다, "의롭다" 하시고 하나님의 영광스러운 구원
에 이르게 하셨다. 이로 말미암아 범죄한 인간이 하나님께 돌아와,
찬송을 부르고 영광을 돌리며 경배하게 되었다. 이는 주 예수그리
스도로 말미암아, 회개하고 거듭난 사람들에게 그에 합당한 열매
를 맺게 해서, 하나님의 거룩하시고 영광스러운 속성과 성품(형상
과 모양)이 드러나게 하심이다. 그러므로 사람은 누구나 하나님께
돌아와, 감사한 마음으로 찬송과 영광 돌리며, 그의 말씀에 믿음
으로 순종하며 살아야 한다. 이것이 태초에 하나님께 지음을 받
은, 인간으로서의 본분이다.

열매로 안다

질그릇처럼
연약한 존재

인간의 죄 성

인간은 죄에 대하여, 질그릇 조각 중 한 조각처럼 연약한 존재다. 이는 하나님께서 사람을 지으실 때, 토기장이가 진흙으로 질그릇을 빚듯, 연약한 존재로 빚으셨다는 의미다.

사45:9] 질그릇 조각 중 한 조각 같은 자가 자기를 지으신 자로 더불어 다툴진대 화 있을진저 진흙이 토기장이를 대하여 너는 무엇을 만드느뇨 할 수 있겠으며 너의 만든 것이 너를 가리켜 그는 손이 없다 할 수 있겠느뇨

토기장이가 어떤 것은 은과 금을 담는 그릇으로, 또 어떤 것은 음식이나 물이나 술 등을 담는 그릇으로, 그리고 또 다른 어떤 것들을 담는 그릇으로 빚는다. 그러나 그 그릇들이, '왜 나를 금이나 은을 담는 귀한 그릇으로 빚지 않고, 이 더러운 것을 담는 그릇으로 만들었느냐'고 항변하거나, '왜 나를 흙으로 연약하게 빚었느냐'

고 항변할 수는 없다. 무슨 그릇을 빚든 어떻게 빚든, 그것은 그 그릇을 빚는 토기장이의 뜻이기 때문이다.

이처럼 하나님의 피조물인 사람이, 창조주이신 여호와 하나님께, "왜 나를 이렇게 죄에 연약하게 지으셔서 죄를 짓게 하셨느냐?"고 하거나, "왜 동산 가운데에 선악을 알게 하는 나무를 있게 해서, 인간의 조상이 그 실과를 따 먹고 죄를 짓게 하고, 그 죄가 나에게 유전되게 했느냐"고 항변하거나, 원망할 수는 없는 일이다. 모든 피조물은 창조주 하나님께서, 그 뜻대로 지으셨기 때문에, 그의 지으신 뜻에 합당하게 살게 되어 있다.

성경은 질그릇 조각 중의 하나처럼, 연약한 존재로 지음을 받은 인간이, 하나님을 떠나 각기 제 길로 가면서, 온갖 죄악을 저지르는 모습을 적나라(赤裸裸)하게 묘사하고 있다. 그러나 만일 인간이, 완전한 존재로 지음을 받았다면 어떻게 되었을까? 사람이 만일 완전한 존재로 지음을 받았다면, 무엇이든지 자기 마음대로 하며, 하나님을 의지하거나 순종하지 않을 뿐 아니라, 찬송하거나 영광 돌리며 경배하지도 않을 것은 물론, 심지어 사단(뱀)처럼 교만해져서 하나님과 비기려고 했을 수도 있다.

하나님과 사람 사이를 갈라놓는 것은, 오직 사람들의 죄악이다. 인간의 죄가 그들의 얼굴을 가리고, 하나님을 외면하게 하며, 하나님 생명의 말씀을 스스로 듣지 못하게 한다. 인간이 이렇게 죄에 의해 이리저리 끌려다니며 종노릇 하는 것은, 사람이 죄에 한없이 연약한 존재이기 때문이며, 이는 또 인간이 하나님 아버지를 의지하지 않고는, 스스로 홀로 설 수 없는 연약한 존재임을 의미한다. **인간이 연약한 존재라는 의미는, 마귀의 유혹으로 본성**(탐욕)**에 충동을 받아, 그 지체를 죄악의 수단과 방법인, 불의의 병기로 이용당하기 쉽다는 의미다.**

　죄는 너무도 강력하고 단단해서, 질그릇처럼 연약한 인간이 죄와 부딪치는 순간, 질그릇 조각처럼 산산조각이 나 버린다. 인간은 이처럼 죄에 대하여 특히 연약한 존재다. 그래서 여호와 하나님께서는, 죄의 종이 되어 사망의 길인지도 모르고, 달려가고 있는 연약한 인간을 불쌍히 여기시고, 그들을 죄에서 구원하시기 위해 그 아들 예수그리스도에게, 인간의 허물과 죄악으로 인한 병고와 슬픔을, 대신 담당하게 하셨다(사53:4~6). 하나님께서 이처럼 인간(죄인)을 불쌍히 여기시고, 그 죄를 그 아들 그리스도 예수께 담당시키신 것은, 그가 사람을 죄에 대하여 질그릇처럼 연약하게 지으셨기 때문이다.

동산지기 아담의 타락

　하나님께서는 에덴에 동산을 창설하시고, 그가 지으신 사람(아담과 하와)을, 거기 두시고 그곳을 다스리며 지키게 하셨다. 하나님께서는, 그 땅에서 보기에 아름답고 먹기에 좋은 나무가, 그 동산에 나게 하시고, 그 동산 가운데는 생명 나무와 선악을 알게 하는 나무도 있게 하셨다. 하나님께서는 아담에게, 생명 나무의 실과를 포함해서 "동산 각종 나무의 실과는 임의로 먹어도 되지만, 선악을 알게 하는 나무의 실과는 먹지 말라" 하시며, "먹는 날에는 정말로 죽는다"라고 경계하셨다(창2:8~16).

아담에게는 그 동산을 하나님 말씀대로 관리하고 보호해서, 하나님의 뜻이 유지되고 보존되게 해야 할 책임과 의무가 부과되었다. 그러므로 자신뿐 아니라 후손들에게도, 선악과(율법)에 대한 하나님 명령을 확실하게 교육하고 전해서, 하나님 진노의 심판을 받지 않도록 해야 했다. 그러나 여자(하와)가 마귀의 유혹에 미혹되어, 하나님 명령에 불순종하여 선악과를 따 먹고, 그 남편(아담)에게도 줘서 먹게 했다. 하나님께서는 그들을 에덴동산에서 쫓아내시고, 그 동편에 그룹들과 두루 도는 화염검을 두어, 생명 나무로 가는 길을 지키고 접근하지 못하게 하셨다. 에덴동산에서 쫓겨난 아담(하와)은, 육신의 양식을 얻기 위해 땀 흘리는 수고를 하다, 마침내 흙(사망)으로 돌아가야 했다. 이는 하나님 명령을 거역한 죄인은 영생할 수 없음을 의미한다.

하나님께서 "먹지 말라" 하신 선악을 알게 하는 나무의 실과는, 죄의 삯은 사망인 율법이다. 그리고 동산 각종 나무의 실과는 육신의 양식을 상징하며, 육신의 양식만으로는 영생 유업을 이을 수 없음을 말씀하심이다. 그러나 생명 나무 실과(열매)는, 먹고 영생하는 나무다. 선악과 사건은, 아담(하와)이 하나님 형상과 모양을 닮은 거룩하고 존귀한 존재로 지음을 받았지만, 또한 질그릇처럼 연약하게 지음을 받은 존재이기 때문에, 인간은 하나님 안에 있어야, 하나님의 형상과 모양(성품과 속성)을 유지할 수 있음을, 오늘을 사는 우리에게 교훈하고 있다.

✚ 묵상 가이드 ───────────────────

1. 당신의 존재성과 존엄성은, 어디에서 찾아야 하는가? (창1:26~28, 창 2:15~17, 사45:9~10)

2. 당신은 죄에 대하여 어떤 존재인가? (사45:9)

제2장 ─────────────

동산 가운데 있는
두 나무

에덴동산 가운데 두 나무가 나란히 있는 것처럼, 사람의 마음 안에는 두 마음이 있다. 그 하나는 선(믿음)을 행하기를 원하는 마음의 법과, 또 다른 하나는, 마음이 원치 않는 죄의 본성(탐욕)을 따라, 악(죄)을 행하려는 지체의 법(율법)이다. 그래서 마음으로는 하나님의 법(진리의 말씀)을, 육신으로는 죄의 법(율법)을 섬기려고 서로 긴장한다(롬7:17~23). 사람이 마음(양심)이 원치 않는 악을 행하는 것은, 그 속에 죄가 살아 있기 때문이다.

선악을 알게 하는
나무(율법)

인간의 죄에 개입한 뱀(사단)

성경 겔28:12~19에서는, 하나님께 받은 높은 지위를 제 것인 체 하는 사단(하나님을 배신한 천사, 교만한 인간)의 교만함을, 포악하고 타락한 '두로 왕'에 비유했다. 사단은 태초에 에덴동산에서 하나님과 함께 살았다. 그는 완전하고 지혜가 충만하며 흠 없이 아름다운 천사로, 온갖 은금 패물로 호화롭게 단장했으며, 그가 지음을 받던 날 하늘에서는 소고와 비파로 잔치가 있었다. 그는 하나님께 능력을 받고 가장 가까이서 모셨으며, 하나님도 그를 높여 거룩한 동산에서 호화롭게 왕래하게 하셨다.

사단은 물질이 풍성해지자, 폭력을 행사하고 사기 치고 범죄 하기 시작했다. 그는 많은 죄를 짓고, 부정하고 불의한 방법으로 재물을 모아, 하나님의 거룩한 이름을 더럽혔다. 사단은 그의 아름다움을 뽐내다 교만해졌고, 그의 영화로움을 자랑하다 그 지혜를 더럽혔다. 마침내 그의 교만한 본색이 드러난 것이다. 하나님께서는 그를 더럽게 여겨, 거룩한 성산에서 쫓아내어 길바닥에 내팽개쳐,

열매로 안다

만국의 모든 왕의 구경거리가 되게 하시고, 그를 불살라 재(멸망의 불 심판)가 되어 사라지게 하심으로, 모든 만민의 경계 거리가 되게 하셨다(사14:12~15).

여호와 하나님께서 지으신 들 짐승 중에 뱀(사단)이 가장 간교했다. 뱀(사단)은 하나님과 동등한 지위를 확보하기 위해, 하나님에게서 사람(아담)을 떼어 놓으려는 간계로, 죄에 연약한 인간의 마음을 유혹하고 충동질해서 미혹시킴으로, 분별력을 잃고 하나님 말씀(명령:선악과)에 불순종하는 죄를 짓게 했다. 뱀(사단:마귀)은 인간을 범죄에 이용해서, 하나님과 맞서려고 훼방하는 교만한 존재다. 그래서 태초부터 인간을 죄의 종노릇 하도록 유혹해서, 하나님에게서 떨어져 나가 멸망(사망)의 심판을 받게 했다. 그러나 "교만은 패망의 앞잡이"라고 경고하신 말씀대로, 사단은 결국 패망이며 지옥 멸망이다.

> 창2:16] 여호와 하나님이 그 사람에게 명하여 가라사대 동산 각종 나무의 실과는 네가 임의로 먹되 17] 선악을 알게 하는 나무의 실과는 먹지 말라 네가 먹는 날에는 정녕 죽으리라 하시니라

어느 날 평화로운 에덴동산에, 간교한 뱀(사단)이 여자(하와)에게 살며시 다가와, "하나님이 정말로 너희에게, 동산 모든 나무의 실과를 먹지 말라고 하셨느냐?"고 하면서, "너희가 그것을 먹어도 절

대로 죽지 않는다"라고 속삭이듯 말했다. 그리고 "너희가 그것을 먹으면, 너희도 하나님처럼 선악을 분별할 것을 아시고, 못 먹게 하는 것"이라고 왜곡하며 이간질했다. 하나님 말씀을 왜곡하는 뱀(사단)의 말에 미혹된 여자(하와)는, 하나님 말씀을 의심하고 불순종하게 되었다(창3:1~5). 뱀(사단)은 이처럼 인간이 죄에 극도로 취약한 존재임을 잘 알고, 교묘하게 속이고 유혹해서 죄를 짓게 하는 악한 존재다.

처음 사람 아담의 범죄(죄의 기원과 유전)

하나님께서는 태초에, 동방의 에덴에 사람이 살기 좋은 동산을 창설하시고, 그곳에 보기에 아름답고 먹기에도 좋은 나무가 나게 하셨다. 동산 가운데는 생명 나무와 선악을 알게 하는 나무가 있게 하시고, 손수 지으신 사람(아담과 하와)을 그곳에 두고 다스리며 지키게 하셨다. 하나님께서는 아담에게, 동산 가운데 있는 생명 나무 실과(영생 양식)를 비롯하여, 동산 각종 나무의 실과(육신 양식)는 임의로 먹게 하셨지만, 생명 나무와 나란히 있는 선악을 알게 하는 나무의 실과(율법)는, "먹지 말라" 하시고 "먹으면 반드시 죽는다" 경고하셨다.

창3:6] 여자가 그 나무를 본즉 먹음직도 하고 보암직도 하고 지혜롭게 할 만큼 탐스럽기도 한 나무인지라 여자가 그 실과를 따 먹고 자기와 함께한 남편에게도 주매 그도 먹은지라

여자(하와:아내)가 뱀(마귀)의 유혹을 받고 미혹되어, 선악을 알게 하는 나무를 보는 순간, 정말로 너무나 멋있게 보였고, 그 실과를 먹기만 하면, 금방이라도 지혜롭게 되어 세상 만족을 다 얻을 것만 같은, 아주 멋있고 탐스럽게 보였다(창3:6). 뱀(사단)의 유혹에 미혹된 여자는, '우리가(아담과 하와) 그 선악과를 따 먹었다고 해서, 하나님께서 설마 우리를 죽이시겠나?' 의심하며, 이는 아마도 뱀(사단)의 말대로, '선악을 알지 못하게 하시려고, 먹지 말라고 하신 것이 아닐까?' 생각하고(미혹 당함), 의심하며 혼란에 빠졌다. 여자(하와)는, 하나님의 경고를 대수롭지 않게 여기고, 그 실과를 따먹고 남편에게도 줘서 먹게 했다(창3:1~6).

여자가 뱀(마귀)의 말에 미혹되어 선악과(율법)를 먹는 순간, 그들(아담과 하와)은 뱀의 말대로 마음 눈(영)이 밝아져 선악(율법)을 분별하게 되었다. 그러나 불행하게도, 그들의 눈이 밝아져 처음 경험한 것은, 그들이 상상했던 것처럼, 먹음직스럽고, 보기에도 아름답고, 먹기만 하면 금방이라도 지혜로울 만큼 탐스러운 것이 아니었다. 그것은 자신들의 벌거벗은 부끄러운 모습(몸)과 하나님께 불순종한 볼품없고 일그러진 마음(본성) 상태였다.

아담과 하와는 율법의 거울(선악의 분별 능력)에 비친, 자신들의 벌거벗은 몸과 일그러진 마음의 모습(탐욕)을 보고(죄 인지 능력) 부끄

러움을 감추려고 나뭇잎으로 치마를 만들어 가렸다. 그리고 하나님께서 그들을 부르셨을 때는, 하나님 말씀에 불순종한 두려움과 자신들의 벌거벗은 모습(죄)이 부끄러워, 하나님 앞에 나서지 못하고 동산 나무 사이로 숨었다.

그들은 하나님과의 관계가 순식간에 단절됨으로 인해, 갑자기 거친 광야에 내동댕이쳐진 것 같은 두려움과 공포감으로, 공황 상태에 빠져버린 것 같았을 것이다. 아담과 하와의 순수했던 마음은, 온통 죄와 두려움으로 오염되었고, 순결했던 능력은 둔해지고, 갑자기 죄를 분별하는 능력이 생겨서, 죄의식과 죄책감에 시달리게 되었다. 뱀(사단)은 이처럼 사람을 죄짓게 해서, 하나님과 멀어지게 하려고 악한 속임수를 쓴다.

하나님께서는 은혜로운 에덴동산에, 왜 선악(율법:죄)을 알게 하는 저주의 나무가 있게 하셨을까? 이는 아담(우리)에게 율법(선악과:죄)을 가르쳐 주시고, 그 법(율법:명령)을 거역(죄:불순종)하면, 징계(심판)받는다는 것을 알게 하시고 경계하심이다. 이는 인간이 하나님 말씀을 믿고 의지(순종)할 때, 비로소 하나님께서 주시는 은혜를 누릴 수 있음을 상기시킨다.

이처럼 죄는 처음 사람 아담(여자:하와)이, 뱀(사단)의 간계에 속아 하나님 말씀에 불순종하는 죄를 짓게 되었고(유입), 그 죄는 그의 후손들에게 유전되어, 오늘날까지 세상에 유전되고 있다. 이로 말미암아 아담 이후의 모든 인류는, 모두 다 죄의 유전으로 태어나, 본질적으로 죄의 종노릇 하는 진노의 자식이 되어, 영원히 멸망(사망)해야 하는 비참한 존재가 되었다(롬5:12). 인간이 마귀의 유혹으로 본성에 충동을 받고 미혹되면, 에덴동산의 여자(하와)처럼 죄에 대한 분별력을 잃고 범죄 하게 되고, 죄의 부끄러움에 무감각하게 된다. 이는 그 양심이 마귀의 유혹으로 가려져(화인 맞음), 분별력을 잃었기 때문이다.

율법(선악과)의 효력과 복음(그리스도)

에덴동산 가운데 생명 나무(복음)와 함께 있는, 선악을 알게 하는 나무는 율법의 상징이다. 아담과 하와가 그 동산에서 두 나무를 언제나 볼 수 있었지만, 선악과(율법)는 먹지 말아야 하는 것처럼, 율법은 믿음에서 난 것이 아니므로, 그 법에 순종하지 말고 복음에 순종해야 한다. 그러나 사단은 그 율법을 가리켜 이것이 먹음직도 하고, 보암직도 하고, 지혜롭게 할 만큼 탐스럽기도 한 구원의 길이라며 저주의 길로 유혹했다. 그러나 율법의 행위에 속한 자들은 저주 아래 있는 것이다(갈3:10, 12).

롬7:2] 남편 있는 여인이 그 남편 생전에는 법으로 그에게 매인 바 되나 만일 그 남편이 죽으면 남편의 법에서 벗어났느니라 3] 그러므로 만일 그 남편 생전에 다른 남자에게 가면 음부라 이르되 남편이 죽으면 그 법에서 자유케 되나니 다른 남자에

게 갈지라도 음부가 되지 아니하느니라

율법은 아무리 작은 단 한 번의 죄라도 정죄한다. 그러나 그 율법도 죽은 사람에게는, 영향력을 행사하지 못하는 것처럼, 예수그리스도와 함께 십자가에 못 박힘으로, 죄에 대하여 죽은 사람(예수 이름 세례)에게는 효력이 없다. 율법은 그에 순종하는 자들이 살 동안만, 주관할 수 있기 때문이다. "율법과 선지자는 요한의 때까지(눅16:16)"라고 했는데, 이는 하나님께서 율법의 효력을 정지시키시고, 대신 그리스도를 보내주셨기 때문이다.

율법은 마치 자기 마음에 흡족하지 않다고, 날마다 험악한 욕설로 핍박하며 폭력을 행사하는, 무자비하고 무서운 배우자(남편:율법)와도 같다. 그러나 그(남편:율법)가 살아 있는 동안(요한의 때:그리스도가 오시기 전까지)은, 다른 사람(예수그리스도)에게 가면 그(아내:죄인)는 음부(율법을 범한 자들)가 된다.

그런데 어느 날 무자비하고 무서운 배우자(남편:율법)가 죽자, 누군가(하나님)가 인자하고 자비로운 새 배우자(그리스도)를 소개해 주었다. 그(그리스도)는 그 사람(옛사람:죄인)을 너무 사랑해서, 그의 과거(죄)를 다 이해하고(죄 사함) 사랑할 뿐 아니라 마음의 아픈 상처도 깨끗하게(의롭게 하심) 치유(구원)해 주었다(롬7:1~4, 갈3:13). 그는 바로 하나님의 아들 예수그리스도(새 배우자)시다. 배우자(남편:율법)가 죽거나 이혼하면, 다른 배우자(그리스도)에게 가도 불륜이라고 하지 않는 것처럼, 무자비하고 무섭던 배우자(남편:율법)가 죽었으므로, 그가 새 배우자(그리스도)와 결혼(영접)해서 새살림을 차려도, 그에게 음란하다고 할 사람은 아무도 없다. 이는 당신이 그리스도께서 피 흘려 죽고, 그 죽은 자 가운데서 부활하심을 믿음으로, 당신에게서 율법의 효력(정죄)은 이미 사라졌기 때문이다.

이처럼 옛사람(죄인)이 율법에서 떠나, 그리스도 예수를 믿음으로, 하나님께 죄 사함을 얻고 "의롭다" 하심을 얻음이 구원이다(갈 2:19~20, 3:10, 12, 19). 이는 무자비하고 무서웠던 배우자(남편:율법)가 죽으므로, 인자하고 자비로운 새 배우자(예수그리스도)를 만나서, 행복한 사랑의 보금자리(영생)를 새로 마련한 것과 같은 것이다(롬 7:1~6).

에덴동산에서 뱀(사단)이 여자(하와)를 유혹해서, 하나님 말씀을 거역하고 범죄 하게 한 것처럼, 사단은 오늘도 세상이 칭찬하는, 율법과 도덕과 선행과 준법정신을, 고차원적이고 화려하고 지혜로운 진리로 포장해서, 이것이 먹음직도 하고, 보암직도 하고, 지혜롭게 할 만큼 탐스럽기도 한(창3:6), 구원과 영생의 길이라고 유혹하며 선동하고 있다. 그러나 그 실체는, 마치 날마다 험한 욕설을 퍼부어 대며 핍박하고 구타하는, 무자비하고도 무서운 배우자와도 같은 율법(남편)이다. 그것은 사망으로 가는 지름길이기 때문에, 생각지도 말고 쳐다보지도 말아야 한다.

생명 나무
(생명의 성령의 법)

화염검(영생과 심판)

하나님께서는 선악과를 따 먹은 아담(하와)을, 에덴동산에서 쫓아내시고 그룹들과 두루 도는 화염검을 두어, 생명 나무로 가는 길을 지키게 하셨다. 이는 회개하지 않고는 하나님께로 갈 수 없으므로 오직 심판이 있음을 상징한다.

> 창3:24] 이같이 하나님이 그 사람을 쫓아내시고 에덴동산 동편에 그룹들과 두루 도는 화염검을 두어 생명 나무의 길을 지키게 하시니라

누구든지 생명 나무 즉, 영생을 얻으려면 심판을 면해야 한다. 생명 나무는 그리스도 예수(계22:14)의 예표다. 사람이 생명 나무로 가는 길은, 삶의 수고와 무거운 짐을 주님 앞에 내려놓고, 푸른 초장과 쉴만한 물가로 인도되어, 주 안에서 참 평안과 안식을 누리는 영생의 길이다. 아담과 하와는 선악과의 범죄(불순종)로 말미암아,

열매로 안다

언제나 임의로 먹을 수 있었던, 동산 각종 나무의 실과는 물론, 생명 나무의 실과를 먹을 수 없게 되었다. 이는 영원한 안식(영생 유업)의 길이 막힌 것이다.

아담(하와)이 에덴동산에 있을 때는, 생명 나무 열매(영생의 양식)와 각종 나무 열매(육신의 양식)를 먹기 위해, 수고와 땀을 흘리지 않고도 언제나 마음껏 먹을 수 있었다. 그러나 동산에서 쫓겨난 후로는, 일평생 땀 흘리는 고통 속에서 수고해야, 몸(육신)의 양식을 먹을 수 있게 되었다. 그나마 이는 육신이 이 땅에서 존재하는 동안만을 위한 양식이다. 이 양식을 위한 고난은, 아담의 범죄로부터 주님 오시는 그날까지, 모든 세대가 메고 가야 하는 목마르고 고달픈, 인생의 수고와 무거운 짐의 멍에다.

예수님은 수고하고 무거운 짐을 진 사람들을 향하여, "나는 부활(죽은 자 가운데서 살아나심)이요 생명(죽지 않고 영원히 사심)이니, 나를 믿는 사람은 죽어도(육신) 살고(영, 혼, 육), 살아서 나를 믿는 사람은 영원히 죽지 않을 것이다" 하시면서, 죽은 오라비 나사로를 살려달라는 마르다와 같은 목마른 사람들에게, "네가 이것을 믿느냐"고 물으셨다. 이는 예수그리스도께서 대신 죽고, 그 죽은 자 가운데서 살아나심을 믿는 것이, 구원 얻는 믿음이며 영생 유업을 이을, 하나님의 후사임을 말씀하심이다.

아담이 범죄 한 후로는, 생명 나무 열매를 먹을 수 있는 축복(영생)을 상실하게 된 것처럼, 하나님 안에서는 생명(영생)이지만, 하나님 밖에서는 영원한 사망(심판)이다. 그러므로 누구든지 그리스도 예수에게 속해 있으면, 그는 구원 얻은 것이며, 약속대로 영생 유업을 이을 하나님의 후사가 된 것이다(갈3:18, 29).

가죽옷(그리스도 예수의 피)

아담과 하와가 에덴동산에서 선악과를 먹기 전까지는, 벌거벗고 살았어도 부끄러운 행위(죄)가 되지 않았지만, 하나님 말씀을 벗어나는 순간, 그것은 그들에게 부끄러운 행위(죄)가 되었다.

> 창3:21] 여호와 하나님이 아담과 그 아내를 위하여 가죽옷
> 을 지어 입히시니라

아담과 하와는 벌거벗은(죄) 모습이 부끄러워, 이를 가리기 위해 나뭇잎으로 치마를 엮어 가렸다. 그러나 나뭇잎 치마는 하루해를 견디지 못하고, 말라서 부서질 것이다. 인간이 자신의 죄를, 율법의 행위와 도덕과 선행으로 덮으려는 생각과 행위는, 마치 나뭇잎으로 부끄러운 부분(죄)을 가리려는 것처럼 어리석은 것이다. 이는 죄를 일시적으로 감추기 위한, 인간의 본능적인 방편(인간의 의)으로 죄에 대한 부정적 심리일 뿐이다.

그러나 여호와 하나님께서는 가죽옷(예수의 피)으로, 그들의 부끄러운 부분(범죄)을 가려(죄 사함) 주셨다. 이는 그리스도 예수의 대

속의 피를 믿음으로 말미암아, 죄를 회개하는 모든 사람의 모든 죄를 용서하시고 "의롭다" 하시는 하나님의 한량없는 사랑과 은혜를 상징하는 예표다.

처음 사람 아담이 비록 하나님의 형상과 모양대로, 하나님께 손수 지음을 받은, 거룩하고 존귀한 존재이기는 하지만, 죄에 대하여는 한없이 연약한 존재임을, 선악과 사건을 통해서 확인시켜 주고 있다. 아담은, 하나님의 명령(말씀)에 불순종한 결과로, 그가 만들어 주신 안식과 평안의 동산에서 쫓겨나, 육신의 양식을 위해 땀 흘리고 수고하다, 마침내 흙으로 돌아가야 했다.

자유의지(생명과 사망의 선택)

하나님께서는 아담에게, 선악을 알게 하는 나무의 실과(율법)를 "먹지 말라"(율법)고 하셨지만, 그 실과를 먹지 못하게 지키거나 제지하시지 않은 것은, 아담에게 자유의지(선택권)를 주시고, 그것을 온전히 보장하시고 존중하심이다. **이는 창조주 하나님께서, 태초에 아담을 통해서 인간에게 주신 고유한 기본권이다. 그러므로 누구든지 하나님께서, 각 사람에게 주신 고유한 이 자유의지(선택권)를, 억압하거나 제지하거나 강요하거나 박탈하려는 행위는, 하나님께 대한 범죄다. 반면 그것을 지키지 않거나 경홀히 여기거나, 하나님 뜻에 반하게 사용해서 발생하는 문제들에 대한 책임도, 각**

사람 자신에게 있다.

뱀은 하나님께서 아담(인간)에게 주신 자유의지를, 강제적으로 억제하지는 못하고, 아담(인간)의 본성(탐심)을 충동질해서 범죄 하도록 유혹하고, 그 자유의지를 아담(인간)이 스스로 상실하게 해서, 죄의 종노릇 하게 했다. 하와(여자)가 마귀에게 미혹 당하기 전까지는, 선악을 알게 하는 나무의 실과를 먹을 생각도 하지 않았다. 그러나 마귀의 유혹에 미혹되는 순간, 하나님의 말씀을 대수롭지 않게 생각하고 범죄 하게 된 것처럼, 모든 인류는 범죄로 인하여, 하나님께서 주신 고귀한 자유의지를 상실당하고 고통을 겪는다. 이처럼 인간의 죄에 대한 의지는, 영적인 존재인 사단의 유혹에 미혹 당한 결과이므로, 육신의 존재인 인간의 능력으로는 해결할 수가 없다. 이는 하나님께서 인간의 죄를, 그 아들 예수그리스도에게 대신 담당하게 하시고, 오직 그를 믿는 믿음으로만 해결되게 하셨기 때문이다.

하나님께서 아담에게, 생명 나무(영생)의 실과를 임의로 먹을 수 있게 하신 것처럼, 그 옆에 나란히 있게 한, 선악을 알게 하는 나무(심판)의 실과는 "먹지 말라"고 경고하셨다. 그러나 그것을 먹고 안먹는 것은, 아담이 자유롭게 선택하도록 하셨다. 이는 하나님께서 인간에게, 생명의 말씀(복음)과 심판의 말씀(율법)을 동시에 주시고, 그 선택은 인간의 자유의지에 맡기심이다.

사람은 누구나 그 마음으로는 하나님의 법(진리의 말씀)을, 육신으로는 죄의 법(율법)을 섬기려고 갈등한다(롬7:17~23). 이로 말미암아

열매로 안다

마음(양심:심령)이 원하는 선(믿음)은 행하지 않고, 마음이 원치 않는 지체의 본성(탐욕)을 따라, 악(죄)을 행하려고 한다. 이는 그 마음속에 죄가 살아 있기 때문이다. 그러므로 성령께서 생명의 말씀으로 인도하실 때 믿음으로 순종하면, 하나님이 주시는 참 평안과 영원한 안식(영생)을 누리게 되고. 원수 마귀의 유혹에 미혹되어 불순종하면, 멸망의 심판을 당하게 된다. **이처럼 하나님께서는, 각 사람이 그리스도의 대 속의 피를 믿고, 구원을 얻어 영생하는 것과 믿지 않으므로 심판받아 멸망하는 것을, 강제로 하시지 않고 각 사람의 선택**(자유의지)**에 맡기셨다. 그러므로 그 결과도 각 사람이 져야 할 책임이다.**

어떤 사람들은 자신의 욕망이나 만족을 채우기 위해, 하나님께서 다른 사람들에게 주신 고귀한 자유의지를, 억압하고, 제재하고 강요하려고 한다. 또 다른 어떤 사람들은, 하나님께서 자신에게 주신 고귀하고 고유한 자유의지를, 스스로 멸시하고 포기하기도 한다. 누구든지 하나님께서 주신 고귀한 자유의지를, 침탈하거나 멸시하는 사람은 아담처럼, 혹독한 대가를 치르게 될 것이다. 처음 사람 아담(인간)이 그랬던 것처럼, 인간은 마귀의 간교(유혹)에 속아 범죄 하므로, 이 자유의지를 침해당하거나 상실할 수도 있다. 그러므로 하나님 말씀에 믿음으로 순종해야 영원한 평안과 안식을 누릴 수 있다.

1. 하나님께서 에덴동산 중앙에 왜 선악을 알게 하는 나무를 있게 하셨을까? (창2:9, 16~17)

2. 선악을 알게 하는 나무가 하와(여자)에게 왜 평소와 다르게 보였을까? (창3:1~7)

제3장

하나님께서 사람(죄인)을 사랑하시는 증거

　모든 사람은 처음 사람 아담의 죄에 유전되어 태어났으므로, 모태에서 날 때부터 본질상 심판받아야 할 죄인이다. 성경은 "의인은 하나도 없다" 하시며, "율법의 행위로는 '의롭다' 하심을 얻을 육체가 없으므로, 모든 사람은 다 죄인"이라고 선언하셨다. 그래서 하나님께서는 "죄 없는 사람은 하나도 없으므로, 죄는 미워해도 사람은 미워하지 말라"고 하셨다(롬:10, 20, 갈2:16).

모든 사람은
다 죄인이다

　성경이 지적하고 있듯이 인간이 존재하는 세상은, 어느 시대를 막론하고 죄악이 넘쳐나고 있다. 이런 현상은 세대가 지날수록 더욱 심각해져서, 마지막 때가 가까워질수록 그 잔혹함과 포악함과 무자비함은, 상상을 초월하게 될 것이다. 인간은 본래부터, 처음 사람 아담의 죄에 유전되어 태어난 존재이기 때문이다.

　과거부터도 그랬지만, 요즘 T.V 뉴스 시간마다 전해지고 있는, 범죄의 빈도와 다양함과 무자비함은, 수십 년 전에는 상상도 못 하던 사건들이다. 그러나 세상에는 아직도 슬픔과 고통으로 괴로워하는 이웃들을 위해, 따뜻한 사랑의 손길을 펴며, 땀 흘리고 수고하는 이들이 많을 뿐 아니라, 사회 정의와 공공의 안녕을 위해, 밤낮을 가리지 않고 수고하는 이들도 많다.

　그런데도 성경은 여전히 그들을 포함한 모든 인간은, 다 죄인이라고 세상을 책망하고 있다. 하나님께서 성경을 통해서 세상을 향해 책망하시는 강도(强度)는, 인류의 종말이 다가올수록 점점 더 강해질 것이다. 성경은 왜 일방적으로, 모든 사람이 다 죄인이라고 선언하시는 것일까?

롬3:10] 기록한바 의인은 없나니 하나도 없으며 11] 깨닫는 자도 없고 하나님을 찾는 자도 없고 12] 다 치우쳐 한가지로 무익하게 되고 선을 행하는 자는 없나니 하나도 없도다

성경이 모든 시대에 걸쳐 의인은 없다며, "모든 사람이 다 죄인"이라고 말씀하시는 이유는, **세상 모든 사람이 하나님을 찾지도 않고, 하나님이 기뻐하시는 뜻을 따라, 믿음으로 살지도 않으면서, 죄에 빠져 제 갈 길(탐욕)로만 가고 있기 때문이다**"라고 하셨다. 하나님께서 말씀하시는 '의'와 '선'은, 율법과 도덕 등 세상의 의로운 행위와 선행을 말씀하심이 아니다. 이는 성경 롬1:17에서 "오직 의인은 믿으므로 말미암아 살리라" 하신 말씀대로 '의'는, 하나님 말씀을 의지하여 믿음으로 사는 것(생활)이고, '선'은 하나님 나라의 일 즉 영혼을 구원하는 일이다.

성경은 인간의 악독한 죄에 대하여, "사람의 목구멍은 열린 무덤 같고, 그 입술에는 독사의 독이 숨겨져 있다" 하셨다. 고대 유대인들은 장례 때 암벽을 파서, 그 속에 사람의 시체를 두고 무덤의 문을 돌로 봉인했다. 열린 무덤은 장례를 치르고 무덤의 문을 봉인하지 않은 것이다. 그곳을 지나가는 사람들은 무덤 안에서 풍겨 나오는, 시체 썩는 악취로 고통을 호소하게 된다. 이는 온갖 더럽고 악한 생각으로 가득 찬 인간의 마음속을, 마치 봉인하지 않은 열린 무덤에 비유한 것이다. 그러므로 인간이 마음에 악을 품고 있으면,

입을 열고 말을 할 때마다, 속이고 공갈치고 협박하고 험담하며, 상처를 주고 고통스럽게 한다.

성경은 사람의 마음을 "회칠한 무덤(마23:27)"에 비유했다, 이는 무덤에 시체가 없는 것처럼 평토장을 하고, 그 표면에 하얀 석회를 칠해서 깨끗하게 위장하는 것으로, 겉(행위)과 속(마음)이 완전히 다른 인간의 이중적인 속성을 의미한다. 성경은 또 인간의 이중성을 사람의 혀에 비유했다. 사람의 혀가 매끄러워서 음식이 잘 넘어가는 것처럼, 마음에도 없는 듣기 좋은 말로 아첨(칭찬)하거나, 무조건 긍정의 말만 하는 것은, 자기의 유익을 꾀하려고 속임수를 쓰는 악한 행위라고 경계하셨다.

이들의 목구멍은 마치 열린 무덤과 같아서, 입술을 열어 혀로 하는 말마다 험담과 저주를 일삼고, 먹고 살려고 입을 열 때마다 거짓말과 속임수가 가득하다. 그들은 평안의 길을 알지 못하므로 파멸과 고통의 길을 가고, 그들의 눈에는 하나님이 보이지 않을 뿐 아니라, 두려워함도 없다고 하셨다. 두 개의 혓바닥에 독을 품고 연신 널름대는 독사처럼, 거짓말과 속임수로 악독을 일삼는 사람들은, 한 혀로 서로 다른 두 가지 말을 한다.

그들은 이리처럼 교활하고 음흉한 마음을 감추고, 겉으로는 순한 양처럼 순진하게 말하고 행동하며 속인다. 독사의 두 혓바닥 아래 독주머니를 감추고 있는 것처럼, 인간의 이중적인 속성은, 그 마음속에 항상 악독한 생각을 품고 있다. 그래서 한 혓바닥으로는, 실제로 악한 말로 험담과 저주를 퍼부어 대며, 사람들에게 치

열매로 안다

명적인 상처를 입히고, 또 다른 하나로는 자신의 목적과 유익을 위해, 선을 가장한 악한 속임수로 거짓말을 한다. 이는 마치 한 우물에서, 찬물과 더운물이 교차하며 나오는 것처럼, 세상에서 있을 수 없는 일이, 사람의 입을 통해서 나타나는 해괴하고도 이해할 수 없는 현상이다.

어떤 심술궂은 아저씨가 장난삼아 던진 돌에 개구리가 맞았다. 그 개구리는 '아이고 나 죽네' 하듯 사지를 부르르 떨더니 이내 죽어버렸다. 죽어가는 개구리를 본 아저씨는, "죽이려고 던진 것이 아니고 장난삼아 던졌다"고 했지만, 그 개구리는 이미 동작을 멈추고 숨을 쉬지 않고 있었다. 돌을 던진 아저씨에게는 재미있는 흥미 거리가, 그 개구리에게는 생명을 잃게 했다.

개구리에게 돌을 던진 아저씨처럼, 아무 생각 없이 장난삼아 한 말이나 행동이, 다른 사람에게는 심각한 피해와 상처가 되어 고통을 호소하는데도, 용서를 구하거나 사과할 줄 모르는 사람들이 있다. 그들은 자신의 잘못된 언행에 대하여, 용서를 구하고 사과하기는커녕, "아무 생각 없이 무심코 한 것(말, 행동)"이라며, 아무것도 아닌 듯 "마음에 두지 말라"고 한다.

다른 이들을 험담하거나 마음에 상처를 주고, 또 여러 가지 피해와 고통을 주는 말과 행위들은, 반드시 용서를 구해야 하는 죄악이다. 정말로 대책 없는 사람들은, "나는 원래 성격이 그래서 그렇지, 본심은 그게 아니다"라고 변명만 하는 사람들이다. 이는 자기가 한 말이나 행위가, 잘못이라고 생각하지 않는 파렴치함 때문이다. 그러다가 자기가 다른 사람에게 같은 경우를 당하면, 온갖 험담과 욕설을 퍼부으며 주변 사람들을 힘들게 한다.

사람들이 이처럼 생각과 말과 행위로 파렴치한 죄를 지으면서도, 그것을 죄로 인식하지도 못할 뿐 아니라, 알아도 인정하지 않고 이 핑계 저 핑계를 대며, 자신마저 속이며 교묘하게 거짓말로 변명만 하는 것은, 아담의 죄(율법)를 유전 받아 잉태되어, 모태에서부터 죄의 영향(지배) 아래 있기 때문이다. 그러나 이런 파렴치한 죄인이 하나님 은혜로, 그 악독한 죄의 값을 치르지 않고도, 예수그리스도 이름으로 회개하므로 "의롭다" 하심을 얻게 되었다. 이는 하나님 아버지께서 그 아들의 피를 믿음으로 말미암는, 화목을 위한 희생제물을 세우셨기 때문이다. 그러므로 누구든지 율법의 행위나 도덕이나 선행을 내 세우며, 구원 얻었다고 주장할 근거는 없다. 죄 사함은 오직 예수그리스도의 피를 믿고 회개한 믿음을, 하나님 아버지께서 인정하시는 은혜로만 되는 것이기 때문이다.

롬3:23] 모든 사람이 죄를 범하였으매 하나님의 영광에 이르지 못하더니 24] 그리스도 예수 안에 있는 구속으로 말미암아 하나님의 은혜로 값없이 의롭다하심을 얻은 자 되었느니라

율법은 죄인을 정죄하고 즉시 징벌하지만, 하나님의 의(사랑과 용서)는 오히려 죄인을 불쌍히 여기시고, 긍휼과 자비를 베푸셔서 오

래 참고 기다리다, 마침내 회개하고 돌아와 예수그리스도 이름으로 세례를 받으면(결신), 하나님 아버지께서 약속하신 대로, 지나간 죄를 묻지 않으시고 무조건 용서하실 뿐 아니라, "의롭다" 하시고 영원토록 함께 있기 위해서, 성령을 선물(구원의 선물)로 주신다. 이는 하나님께서, 모세의 율법으로도 의롭게 될 수 없었던 모든 일에서, 예수그리스도를 힘입어(믿어) 그를 믿는 사람마다, 죄에서 자유(구속:구원) 하게 하셨기 때문이다(행13:38~39). 이처럼 **사람이 만일 누구에게 순종하면, 그 순종 받는 사람의 종이 되는 것처럼, 본래 죄(율법)의 종노릇(순종) 하다 죄에서 자유 하면, 그는 생명(복음:영생)의 왕 노릇 하게 된다. 그러므로 죄(율법)의 종이 되면 영원한 멸망에 이르게 되지만, 복음에 순종하면 의에 종이 되어 영생한다.**

사람의 말은 그 사람 마음에 있는 생각이며 그의 품격이다. 그러므로 마음에 좋은 생각을 품고 있으면, 진실한 말을 하고, 악한 생각이 자리 잡고 있으면, 상처 주고 속이고 공격하는 말을 하게 된다. 인간은 죄의 영향력 아래 있는 존재이기 때문에, 악을 행하면서도 그것을 죄라고 생각하지 않고, 오히려 자기가 우월하다고 생각하며, 다른 사람을 무시하고 지배하려고 한다. 이처럼 세상에는 죄(율법의 죄) 없는 의인은 하나도 없다. 그런데도 하나님께서 죄인을 사랑하시는 것은, 그의 의로운 행위(율법, 도덕, 선행) 때문이 아니고, 어미가 자식을 불쌍히 여기고 사랑하는 것처럼, 오직 죄인에 대한 긍휼하신 마음 때문이다.

'보통 사람들이 일상의 일을 손쉽게 처리하듯이, 악을 행하는 자들은 그 행하는 악한 일에, 특별히 예리하고 날카롭다고 한다. 이는 그 방면에 전문성이 있다는 의미다. 그래서 아무 거리낌 없이 태연하게 악행을 일삼는다. 이들이 이렇게 하는 근본적 이유는, 우주 만물을 지으신 하나님의 구원 계획과, 그 섭리를 믿지 않을 뿐 아니라, 창조주 하나님을 두려워하지 않기 때문이다. 그러나 하나님을 섬기고자 하는 신앙이 유지될 때, 인간은 비로소 겸손해지고, 하나님과는 물론 이웃과 화해도 갈망하게 될 것이다.'(그랜드종합주석에서 인용)

아버지 집을 나간 탕자(옛사람:죄인)

예수님은 성경 눅15:12 이하에서 아버지 집을 나간 탕자를, 죄인(옛사람)으로 비유해서 다음과 같이 말씀하셨다.

눅15:12] 그 둘째가 아비에게 말하되 아버지여 재산 중에서 내게 돌아올 분깃을 내게 주소서 하는지라 아비가 그 살림을 각각 나눠 주었더니 13] 그 후 며칠이 못 되어 둘째 아들이 재물을 다 모아 가지고 먼 나라에 가 거기서 허랑방탕하여 그 재산을 허비하더니 작은아들(탕자)은 아버지로부터 독립해서, 제 마음대로 살고 싶은 야심으로 가득 차 있었다. 그는 마치 자기 것을 아버지께 맡겨 놓기라도 한 것처럼, 자기 몫(분깃)을 미리 달라고 매일 졸라댔다. 아버지는 어쩔 수 없이 두 아들에게 각각 살림을 내주었다. 며칠 후 작은아들은 간곡히 만류하는 아버지의 손을 뿌리치고, 유산을 다 처분해서 아버지가 없는 먼 나라로 도망가듯 떠나 버렸다. 아버지를 멀리 떠난 작은아들은 온갖 더러운 욕심에 사로잡혀, 몸과 마음을 방탕함에 내맡기고, 창기와 함께 먹고 마시며 연락을 즐겼다. 얼마 가지 않아 그는 물려받은 유산을 다 탕진하고, 마침내 빈 털터리가 되어 굶주리게 되었다.

그는 낯선 타국 땅에서, 아무에게도 도움을 받을 수 없게 되자, 주린 배를 채우기 위해 그 지방의 한 농가에 머슴으로 살았다. 주인은 그를 들에 있는 축사에서, 돼지 치는 일을 하게 했다. 그때 마침 그 나라에 큰 흉년이 들자, 그는 더욱 굶주림에 시달리게 되었다. 그는 얼마나 배가 고팠던지, 돼지가 먹는 쥐엄 열매라도 먹고 허기진 배를 채우려 했으나, 주인은 그것마저도 먹지 못하게 했다. 탕자가 돌보는 돼지는, 그의 굶주림을 비웃기라도 하는 듯 신나게 먹어 댔다. 그는 허기진 배를 움켜쥐고 돼지만도 못한 삶을 살고 있었다. 탕자는 비로소 양식이 풍족한 아버지 집의 품 군들을 생각하며, 허랑방탕했던 자신의 잘못된 지난날을 돌아보며 후회하게 되었다.

아버지를 멀리 떠나 허랑방탕한 탕자처럼, 옛사람은 육신의 욕구만 추구하기 때문에, 무슨 일을 하든지 하나님과 원수 되는 일만 할 뿐 아니라 하나님에 대한 지혜와 지각이 둔하고 마음이 완고해서, 무서운 죄에서 구원 얻는 하나님 은혜를 거부한다. 이는 자기 인생에 주인이 자신이기 때문이다. 그래서 모든 일을 이기적으로만 생각하고 말하고 행동한다. 옛사람은 이처럼, 허물과 죄로 그 영(양심:심령)이 죽은 존재로, 모태에서 날 때부터 하나님과 원수로 본질상 진노의 자식(마귀의 자식:옛사람)이다.

탕자(옛사람:죄인)의 모습은 마치 회개하기 전 당신이, 하나님을 멀리 떠나 죄의 종노릇 하며, 방황하는 옛사람(죄인)의 모습을 연상케 한다. 사람은 각자 자신에게 주어진 삶을, 어떻게 살아야 할 것인가를 선택해야 한다. 탕자처럼 채울 수 없는 본능의 욕망과 마음이 원하는 대로 살다, 마지막 때 하나님의 진노로 멸망의 심판을 받든지, 아니면 하나님께 회개하고 돌아와, 영광스러운 하나님 나라 백성이 되든지 둘 중 하나다.

열매로 안다

세상(죄인)을
책망하시는 성령

부활하신 예수님은 제자들에게, "내가 아버지께로 가는 것이 너
희에게 유익하다"고 하시면서 "내가 가서 보혜사를 보낼 것인데, 그
가 오셔서 죄에 대하여, 의에 대하여, 심판에 대하여, 세상 사람들
을 책망하실 것"이라고 하셨다. 이는 성령께서 옛사람(죄인)이 회개
하고 돌아오도록 촉구하심을 말씀하심이다.

요16:8] 그가 와서 죄에 대하여, 의에 대하여, 심판에 대하여
세상을 책망하시리라 9] 죄에 대하여라 함은 저희가 나를 믿
지 아니함이요

죄(그리스도를 '주'로 영접하지 않음)에 대하여 책망하심

하나님께서는 만세 전에, 이스라엘 민족을 자기 백성으로 택하
시고, 그들에게 메시아(그리스도)를 보내시어, 죄와 사망에서 해방
시켜 주시겠다고 약속하셨다. 하나님께서 정하신 때가 되자 약속

대로, 그 아들을 자기 땅 자기 백성에게 구세주로 보내주셨다(마 1:21, 요1:9~13). 그러나 그들은 그리스도 예수를 자기의 '주'로 믿기는커녕, 오히려 이방인들에게 넘겨 십자가에 못 박혀 죽게 했다. 성령은 이것을 회개해야 할 죄라고 책망하신다.

요16:9] 죄에 대하여라 함은 저희가 나를 믿지 아니함이요

그리스도 예수의 죽음에 대하여 사도 베드로는 유대인들에게, "그리스도가 십자가에 못 박혀 죽은 것은, 하나님의 정하신 계획에 따른 것이지만, 너희가 그를 하나님을 모르는 무법자(이방인:로마 군병)의 손에 넘겨 죽게 했다. 그러나 하나님께서 그를 사망 권세에서 다시 살리셨다"고 했다. 그러면서 **"너희가 확실히 알아야 할 것은, 너희가 십자가에 못 박혀 죽게 한 그 예수그리스도는, 너희가 믿는 하나님께서, 너희의 주와 그리스도로 보내신 분이다. 그러므로 이를 회개하라"고 했다.**

내가 교회에 처음 나가던 때(1983년)는, 교회에서 부흥회가 열릴 때마다, 강사들은 "회개하라" 소리치며 외쳤다. 당시 교회 공동체에 속한 일부 구성원들은, 예수그리스도를 삶에 주인으로 모셔 들이는 신앙보다, 율법준수와 선행과 교회 활동을, 믿음의 척도와 구원의 기준으로 생각하기도 했었다. 이는 이런 종교 행위를 통해서 자신의 구원을 스스로 확인하고, 또 다른 사람들로부터 자신의 구원

을 인정받으려 했기 때문이었을 것이다. 그러나 이런 행위들은 구원의 조건이 아니라, 구원 얻은 자로서 마땅히 행해야 하는, 일상적인 신앙생활이어야 했을 것이다.

성령께서 회개하라며 책망하시는 죄는, 하나님의 아들 예수그리스도를 구원자로 믿지 않는 것이다. 그러므로 대신 죽은 그를 믿고 회개하여 예수 이름으로 세례(구주로 영접)를 받아야, 죄 사함을 얻고 구원을 얻은 하나님의 후사가 된다.

의(그리스도의 부활을 믿지 않음)에 대하여 책망하심

성령께서 의에 대하여 책망하심은, 예수그리스도께서 죽은 자 가운데서 살아나심(부활, 영생)을 믿지 않는 것이다. 이는 예수그리스도의 대신 죽음을 믿는 사람들을 하나님께서 "의롭다" 하시고, 영생 얻게 하려 하심을 믿지 않는 것이다.

요16:10] 의에 대하여라 함은 내가 아버지께로 가니 너희가 다시 나를 보지 못함이요

롬4:24] 의로 여기심을 받을 우리도 위함이니 곧 예수 우리 주를 죽은 자 가운데서 살리신 이를 믿는 자니라 25] 예수는 우리 범죄 함을 위하여 내어줌이 되고 또한 우리를 의롭다하

심을 위하여 살아나셨느니라

하나님께서 "의인은 오직 믿음으로 산다" 하신 말씀은, 당신의 죄를 위해 대신 죽고 부활하신 예수그리스도를, 당신 인생에 새로운 주인으로 영접하고, 하나님께 죄를 용서받고 성령의 인도하심에 믿음으로 순종해서, 새 생명(영원한 생명)으로 사는 것(부활의 삶)을 말씀하심이다. 옛사람(죄인)이었던 당신이 하나님께 "의롭다" 하심을 얻는 것은, 그리스도의 부활(의)을 통해서 확증되었다. 그러므로 그리스도 예수께서 죽은 자 가운데서 살아나시어, 아버지께로 가신 것처럼 회개하여 거듭난 당신은, 주님 오시는 그날 주님처럼 부활해서, 그리스도와 함께 영원한 아버지 나라에서, 그와 함께 살게 될 것이다.

하나님께서는 그 아들 예수그리스도를, 십자가에서 피 흘려 죽는 화목의 희생제물이 되게 하시므로, 모든 사람의 모든 죄의 값을 다 치르셨다. 그러므로 누구든지 그 피를 믿으면 죄 사함을 얻고, 그가 죽은 자 가운데서 살아나신 것같이, 그도 하나님께 "의롭다" 하심을 얻고(구원)**, 마지막 날에는 주님처럼 사망 권세를 이기고, 무덤에서 일어나 부활하게 된다.**

이처럼 성령께서 의에 대해 책망하심은, 인간의 죄를 대신해서 죽은 그리스도 예수를, 하나님께서 다시 살아나게(부활) 하심으로, 죄인을 용서하시고 "의롭다" 하시며 영생하게 하시는, 하나님의 고귀한 사랑(부활:의)을 믿지 않음을 책망하심이다.

심판(마지막 심판을 믿지 않음)에 대하여 책망하심

성령께서 심판에 대하여 책망하시는 것은, 하나님께서 구세주로 보내주신, 그 아들 예수그리스도를 믿지 않고, 세상 임금(마귀:세상 권세 잡은 자)을 따라 죄에 종노릇 하면, 결국 마귀와 함께 멸망의 심판을 받게 된다(요5:24~27)는, 진리의 말씀을 믿지 않는 것을 책망하심이다. 마귀는 멸망의 지옥 불에 던져질 존재로, 이미 심판받은 존재이기 때문이다.

> 요16:11] 심판에 대하여라 함은 이 세상 임금이 심판을 받았음이니라(엡2:1~3)

당신이 주 예수의 구원하는 복음을 믿고, 또 그를 보내신 하나님을 믿으면, 당신은 심판에 이르지 않고 사망에서 영원한 생명으로 옮겨진 것이다. 이는 하나님 아버지께서, 그 아들 그리스도 예수에게 심판하는 권세를 주시고, 또 그에게 자기 안에 있는 영원한 생명(새 생명:부활)을 주신 것처럼, 그리스도를 믿는 당신에게도, 그리스도에게 주신 것과 같은 영원한 새 생명을 주셨기 때문이다. 아버지께서 그 아들에게 심판하는 권세를 주신 것은, 당신이 하나님 아버지를 공경하는 것같이, 그 아들을 공경하고 복종하게 하려는 것이다. 그러므로 하나님께서는, 자기와 그 아들을 믿는 구원 얻은 당신을 심판하실 이유가 없다.

세상 임금인 사단(마귀)은, 하나님을 대적하고 훼방하는 존재다. 그는 하나님에게서 당신을 멀어지게 하려고, 이 세상 모든 권세(탐욕의 영향력)와 온갖 수단과 방법을 다 동원하여, 당신의 욕망을 유혹하고 충동질하고 부추겨서 미혹시킨다. 그러나 마귀는 하나님의 정하신 때가 되면, 심판받기로 정해진 존재다. 그는 당신에게 세상 풍속을 쫓게 하는 공중권세 잡은 자로, 믿지 않는 자들 가운데 역사하는 악한 영이다. 당신이 옛사람(믿기 전)이었을 때는, 이 악한 영(마귀)의 유혹에 미혹되어 육체의 욕심을 따라, 육체와 마음이 원하는 대로 행하며, 죄의 종노릇 하는 본질상 진노의 자녀로, 멸망의 심판을 받을 존재였다.

그러나 하나님의 심판은 죄인을 그 즉시 징벌하신다는 것이 아니라, 사람을 유혹해서 죄의 종노릇 하게 하는, 이 세상 임금(공중권세 잡은 자)인 마귀다. 하나님께서는 그를 이미 심판하기로 정하셨는데, 이 사실을 믿지 않고, 그를 따라 끝까지 죄의 종노릇 하며 돌아오지(회개) 않는다면, 마지막 심판 날에 그도 그 대적자와 함께, 심판받게 될 것이라고 책망하시는 것이다.

회개를 촉구하시는 성령

헤롯 왕이 죽은 후 그 아들 아켈레오가 유대 임금이 되었을 때 (A.D 6년, 마2:22), 주님의 사자가 요셉에게 현몽하여 지시함으로, 요셉은 아기(예수님)와 그 모친 마리아와 함께, 갈릴리 지방을 떠나 나사렛에 와서 살고 있었다. 그때 세례요한이 유대 광야에서, "회개하라" 외치며 천국 복음을 전파했다(마3:1~2).

이때 예루살렘과 온 유대와 요단강 사방에서, 많은 사람이 나와 죄를 회개하고 세례(침례)를 받았다. 그러나 세례요한은 많은, 바리새인과 사두개인이 세례받으러 오는 것을 보고, "독사의 자식들아 누가 너희에게, 닥쳐올 하나님 진노의 심판을 피하라고 하더냐" 하면서, 세례(침례)를 받기 전에 회개한 증거를 삶(회개에 합당한 열매)으로 나타내 보이라고 책망했다.

세례요한은 그들에게 "아브라함이 우리 조상이니, 우리는 유전적(자동)으로 하나님 자녀라는 생각은 하지도 말라"면서, "하나님께서는 이 강바닥에 널려있는 수많은 돌로도, 얼마든지 아브라함의 자손이 되게 하실 수 있다"고 하며, "농부가 열매 맺지 않는 나무를 찍어 불에 던지려고, 그 뿌리에 이미 도끼를 얹어 놓은 것처럼, 회개에 합당한 열매를 맺지 않는 자는, 마지막 때 주께서 손에 키를 들고, 자기의 타작마당을 깨끗하게 청소해서, 알곡은 모아 곳간에 들이고, 쭉정이는 꺼지지 않는 불에 태우실 것이라고 경고하며(마 3:1~12) 회개를 촉구했다.

사람(죄인)을 불쌍히
여기시는 하나님

교회를 개척하고(1998년) 몇 년 후 대학병원 물리치료실을 방문했었다. 많은 환우가 재활치료를 받고 있었는데, 특히 어린 자녀의 재활을 간호하던 한 어머니의 고통스러워하는 모습은, 지금도 내 마음을 아프게 한다. 치료받는 어린 자식의 고통을 말로 다 할 수는 없지만, 고통스러워하는 어린 자식에게 아무것도 해주지 못하고, 그냥 바라보고만 있어야 하는 어미는, 차라리 그 자식을 외면한 채 고통의 눈물만 흘리고 있어야 했다.

사망의 음침한 골짜기에서, 방황하는 죄인을 바라보시는 하나님 아버지 마음은, 그 어미보다 더 마음이 아프다면서, **"여인이 어찌 그 젖 먹는 자식을 잊겠으며, 자기 태에서 난 자식을 긍휼히 여기지 않겠느냐? 하시면서, "그 어미는 혹시 그 자식을 잊을지라도, 나는 너(죄인)를 잊지 않겠다"**고 하셨다(사49:15).

사람이 자기 자식을 제아무리 사랑할지라도, 죄인을 사랑하는 하나님 마음에는 비할 수 없을 것이다. 어버이의 자식 사랑하는 마음이, 왜 하나님께서 죄인을 사랑하시는 그 사랑에 비할 수 없는 것일까? 어버이의 자식 사랑은, 인간의 한계와 능력을 벗어날

열매로 안다

수 없는 제한되고 세상적인 사랑이지만 하나님께서 죄인을 사랑하심은, 인간의 한계와 능력을 초월한 영과 육의 무한한 사랑이기 때문일 것이다. 하나님께서 사람들이 상상하는 것 그 이상으로, 죄인을 불쌍히 여기시고 사랑하시는 것은, 지금은 비록 마귀에게 속아 죄의 종노릇 하며, 하나님과 원수가 되어 있지만, 언젠가는 회개하고 돌아오면 그 원수 같았던 죄인도, 하나님의 사랑하는 자녀가 될 것을 기대하시기 때문이다.

딛3:4] 우리 구주 하나님의 자비와 사람 사랑하심을 나타내실 때에 5] 우리를 구원하시되 우리의 행한바 의로운 행위로 말미암지 아니하고 오직 그의 긍휼하심을 좇아…

건강한 사람에게는 의원이 필요 없듯이, 바리새인들처럼 스스로 의롭다고 하는 자들에게는, 예수그리스도로 말미암는 구원이 필요 없다. 그들은 하나님의 선민으로 율법을 섬기며 스스로 의롭다고 주장하며, 하나님의 아들 그리스도를 인정하지 않았을 뿐 아니라, 하나님을 모독했다며 십자가에 달려 죽게 했다.

하나님께서 사람을 구원하실 때, 의로운 행위와 선행으로 하지 않고, 오직 죄인을 불쌍히 여기시므로 구원해 주신다. 모든 인간은 본래부터 죄인으로 태어났기 때문이다. 그러므로 죄를 지을 수밖에 없는 연약한 존재임을 겸허히 인정하고, 하나님이 구세주로 보내주신, 그 아들 예수그리스도를 믿지 않은 불신앙을 회개할 때,

비로소 죄를 용서하시고 "의롭다" 인정해 주신다.

죄 용서의 약속

하나님께서는 꺼져 가는 심지처럼, 죄에 연약한 인생을 불쌍히 여기시고, 상한 갈대처럼 세상에서 외면당한 죄인을 징벌하시지 않는다. 그는 아무리 무섭고 더러운 죄일지라도, 회개하면 눈과 같이 깨끗하고, 양털같이 희게 해 주시겠다고 약속하셨다.

사1:18] 여호와께서 말씀하시되 오라 우리가 서로 변론하자 너희 죄가 주홍 같을지라도 눈과 같이 희어질 것이요 진홍같이 붉을지라도 양털같이 되리라

요일1:9] 만일 우리가 우리 죄를 자백하면 저는 미쁘시고 의로우사 우리 죄를 사하시며 모든 불의에서 우리를 깨끗게 하실 것이요

히11:6] 믿음이 없이는 기쁘시게 못 하나니 하나님께 나아가는 자는 반드시 그가 계신 것과 또한 그가 자기를 찾는 자들에게 상 주시는 이심을 믿어야 할지니라

하나님은 사람과는 달라서, 자기가 하신 약속은 반드시 지키시는 신실하신 분이시므로, 회개하는 모든 사람의 모든 죄를 용서해 주시고 깨끗하게 씻어 주신다. 그러므로 회개하는 사람은 그가 반드시 듣고 용서해 주실 것을 믿고 고백해야 한다. 당신이 만일 하나님의 죄 용서의 약속을 의심하거나, 그리스도 예수의 피를 의지(영접)하지 않고 회개(율법의 죄)했다면, 이는 대신 죽은 그리스도 예수를 믿는 것이 아니므로 용서받을 수 없다. 죄의 용서는 그리스도의 피로 말미암는, 하나님 약속의 말씀을 믿고 고백함으로 되는 것이기 때문이다. 그러므로 그리스도의 피로 말미암는, 하나님 약속의 말씀을 믿지도 않으면서 회개하는 것은, 당신 자신은 물론 하나님을 속이는 행위이며, 이는 듣는 이도 없는 허공에 울려 퍼지는, 메아리와 다름없는 것이다.

하나님께서는 회개하면 용서하시겠다"고 하신 약속을 지키시기 위해서, 그 아들 독생자 예수그리스도를, 십자가에서 피 흘리는 희생제물로 주셨다. 그런 하나님께서, 회개하는 사람의 죄를 용서하시지 않을 리가 없다. 그러므로 회개할 때는 그리스도 예수의 대 속과 부활, 그리고 하나님께서, 반드시 용서해 주시겠다고 약속하신 말씀을 믿고, 죄를 고백해야 한다.

하나님 아버지께서는 아무리 큰 죄일지라도, 회개하고 돌아오기만 하면 반드시 용서해 주신다. 이는 하나님께서, 사람을 흙으로 질그릇처럼 연약하게 빚으셨으므로, 죄에 대하여 연약한 존재임을 잘 아시기 때문이다. 그래서 동이 서에서 먼 것처럼, 인간의 죄과를 멀리 옮기시고, 아비가 자식을 불쌍히 여기심 같이, 죄인을 조건 없이 용서해 주신다.

하나님께서는 정말로, 모든 죄인을 차별 없이 불쌍히 여기시고, 누구에게나 복음으로 회개할 기회를 주셨다. 그래서 양손 가득히 피(죄악)를 묻히고, 죄로 고민하며 고통 중에 방황하는 죄인에게, "너희가 두 손을 높이 들고 집중하여 제아무리 기도할지라도, 회개하지 않으면 그 기도를 듣지 않겠다"라고 하시며, "스스로 죄를 떠나서 악행을 그치라. 그리하면 내가 듣고, 너희 죄가 주홍같이 붉을지라도 눈과 같이 희게 해 주고, 진홍같이 붉을지라도 양털같이 희게 해 주시겠다"라고 약속하셨다.

이스라엘 백성이 애굽에서 나오기 전날, 하나님께서 모세에게 약속한 말씀을 믿고, 어린 양을 잡아 그 피를 문인 방과 문설주에 바르고, 그 밤에 한 사람도 밖에 나가지 않음으로, 그들은 장자 재앙에서 벗어날 수 있었다(출12:4~7, 29~30). 이는 그들이, 하나님께서 모세를 통해서 약속하신 말씀을 믿고 순종했기 때문이다. 이처럼 사람이, 하나님께서 약속하신 말씀을 믿고 회개할 때, 그가 약속하신 대로 죄를 사하여 주신다.

믿음의 선조들은 당시 사람들의 생각에도 어리석을 정도로, 하나님의 약속을 믿었다. 아브라함은 "본토 친척 아비 집을 떠나라" 하시는 하나님 말씀에, 어느 곳으로 가야 할지 모르는 채, 그가 인도해 주실 것을 믿고 즉시 길을 나섰고, 노아는 120년 후에 있을 홍수심판에 대한 하나님의 경고를 믿고, 98년 동안 사람들의 조롱

66

을 참아가며 방주를 예비해서, 결국 그 가족과 함께 홍수심판에서 구원 얻었다. 이처럼 하나님의 용서하심에 대한 약속의 말씀을 믿고 회개하는 것은, 구원 얻는 필수조건이다.

죄인을 위한 화목 제물

하나님께서는 그의 자비와 사람(죄인) 사랑하심 때문에, 죄인을 구원하시기 위해서 그의 독생자를, 화목을 위한 희생제물로 주셨다. 그러므로 그를 믿음으로 말미암아, 죄인이 어두움에서 복음의 밝은 빛으로 나온 것이며, 사단의 속박에서 자유를 얻고 하나님께로 돌아온 것이다.

> 롬3:25] 이 예수를 하나님이 그의 피로 인하여 믿음으로 말미암는 화목 제물로 세우셨으니 이는 하나님께서 길이 참으시는 중에 전에 지은 죄를 간과하심으로 자기의 의로우심을 나타내려 하심이니 26] 곧 이 때에 자기의 의로우심을 나타내사 자기도 의로우시며 또한 예수 믿는 자를 의롭다 하려 하심이니라(롬4:24~25)

사람들은 마치 자기는 죄 없는 의인이라도 되는 것처럼, 다른 사람의 죄를 손가락질하며 정죄한다. 그러나 손가락질하는 그들이 몸과 마음으로, 남이 알게 모르게 지은 무섭고 더러운 죄는 어떻게 해야 할까? 사람은 누구나, 다른 사람의 죄를 손가락질하고 정죄할 만큼 의롭지 못하다. 그래서 하나님께서는 "의인은 하나도 없다"하시고 "다른 사람의 죄를 정죄하거나 판단하거나 심판하지 말라"며, "죄는 미워해도 사람(죄인)은 미워하지 말라"고 하셨다. 죄의 판단은 하나님만이 하실 수 있는 고유한 영역이며, 이는 또 마지막 심판 날에 있을 일이기 때문이다.

구약의 제사에서 제물 없이는, 여호와 하나님께 나갈 수 없듯이, 신약의 예배에서는 예물 즉, 예수그리스도를 믿는 믿음(대 속의 믿음)이 없이는 하나님께 나갈 수 없다. 예물이 있어야 죄를 그 예물(예수그리스도)에 전가 시키고, 용서(화목)받을 수 있기 때문이다. 그러므로 죄 사함을 얻기 전까지는 교회를 출석해도, 구원 얻은 것이 아니다. 그래도 교회에 나가야 하는 이유는, 영생의 말씀을 들어야 회개하고 구원 얻을 수 있기 때문이다.

하나님께서 그 아들을 화목의 희생제물로 세우시고, 그를 통해서만 죄를 용서받게 하신 것은, 그 아들을 믿고 회개하는 사람들을 죄에서 구원 얻게 하려는 것이다. 그러나 만일 누구든지 그를 믿지 않는다면, 그날에 심판받고 영원한 사망에 이르게 될 것이다. 그래서 죄의 삯은 사망(멸망)이지만, 그리스도 예수를 믿는 믿음은 영생이다. 모든 인간은 본성적으로 죄인이다. 그러나 하나님께서 회개하는 사람의 죄를, 예수그리스도의 피로 씻어(죄 사함) 주시고, "의롭다" 인정해 주신다. 그래서 의인은 오직 믿음으로 산다(롬

열매로 안다

1:17). 이는 하나님께서 죄인을 위해, 그 아들 예수그리스도를 화목을 위한 희생제물로 주셨기 때문이다.

죄는 태초에 한 사람, 아담의 범죄로 인하여 인류에게 유전(영향력)되었지만, 그러나 또 다른 한 사람 예수그리스도께서, 십자가에 달려 흘리신 피로 말미암아, 많은 사람이 죄 사함을 얻고, "의롭다" 하심을 얻어 영생에 이르게 되었다.

> 롬5:18] 그런즉 한 범죄로 많은 사람이 정죄에 이른 것 같이 의의 한 행동으로 말미암아 많은 사람이 의롭다 하심을 받아 생명에 이르렀느니라 19] 한 사람의 순종치 아니함으로 많은 사람이 죄인 된 것 같이 한 사람의 순종하심으로 많은 사람이 의인이 되리라

처음 한 사람 아담(선악과)의 범죄로 인한 하나의 죄가, 그 후손들에게 유전되어, 인류의 모든 사람이 죄의 영향(유전) 아래 태어나, 영원히 멸망(사망)해야 하는 진노의 자녀가 된 것 같이, 또 다른 한 사람의 의로운 한 행동으로 말미암아, 많은 사람이 "의롭다" 하심을 얻고, 영원한 생명에 이르게 되었다. 인류의 모든 사람이, 한 사람 아담의 한 죄(선악과) 때문에, 사망에 이르게 된 것처럼, 또 다른 한 사람 예수그리스도께서, 화목을 위한 희생제물이 되어, 피 흘리며 대신 죽은 한 행동으로 말미암아, 많은 사람을 생명(영생)에 이르게 했다. 이처럼 죄의 삯은 사망이지만, 하나님께서 그리

스도 예수의 피로 말미암은 은혜의 선물은, 멸망의 사망에서 해방되는 영생이다(롬6:22~23).

하나님의 아들 예수그리스도를, 십자가에 달려 죽게 한 유대인들은, 주께서 당하신 수욕과 고난과 슬픔과 죽음을 비난하며, "그는 우리와 똑같은 인간이면서, 마치 자기가 하나님 아들이라도 되는 것처럼, 분수도 모르고 날뛰다(신성모독) 스스로 징벌을 자초해서, 하나님께 매 맞고 징벌(죽음)당한 것"이라고 비아냥거렸다. 그들은 하나님의 구원은 생각지도 않고, 마치 고집 세고 어리석은 양처럼, 육체의 욕망을 따라 제 본능대로 행동하며 죄의 종노릇 했다. 그러나 하나님께서는 이처럼 흉악한 그들의 죄악을, 그 아들 예수그리스도에게 대신 담당시키려고(사53:4~6), 십자가에서 피 흘리는 화목을 위한 희생제물로 주셨다.

이는 하나님께서 죄인을 불쌍히 여기시어 정죄하지 않고, 회개하기를 끝까지 참고 기다리시며, 긍휼과 자비로 흉악한 죄인을 용서하시고, "의롭다" 하시기 위함이다. 그러므로 누구든지 저를 믿고 회개하여, 그를 위해 살 것을 결신(예수 이름 세례) 하는 순간, 하나님께서는 그의 모든 죄를 용서하시고 "의롭다"하시며, 하나님 자녀 되는 권세를 주시고 성령을 선물로 주신다(요1:12~13, 사53:6, 벧전2:24, 고후5:21, 행2:38~40).

사람을 율법의 저주에서 속량하는 속죄의 희생 예물은, 한 점 흠 없는 예수그리스도의 '피'밖에는 없다(갈3:13). 하나님께서 인간의 속죄는 예수그리스도 외에 다른 어떤 것으로도, 대신할 수 없게 하셨기 때문이다(행4:12, 롬3:25, 엡2:3). 그러므로 모든 사람은, 예수그리스도에 의해서만 죄 사함을 얻고, 하나님 자녀로 거듭날 수 있다(롬3:24~25, 요1:12, 갈3:26, 요일5:12).

율법과 복음의 의

당신이 의롭게 된 것은, 율법의 행위나 도덕이나 선행이나 신앙의 공로로 된 것이 아니고. 그리스도 예수와 함께 십자가에 못 박힌 믿음(회개와 예수 이름 세례)을, 하나님께서 인정하시고 죄 용서해 주셨음을 믿는 믿음으로 된 것이다,

> 갈2:19] 율법으로 말미암아 율법을 향하여 죽었나니 이는 하나님을 향하여 살려 함이니라 20] 그리스도와 함께 십자가에 못 박혔나니 그런즉 이제는 내가 산 것이 아니요 오직 내 안에 그리스도께서 사신 것이라 이제 내가 육체 가운데 사는 것은 나를 사랑하사 나를 위하여 자기 몸을 버리신 하나님의 아들을 믿는 믿음 안에서 사는 것이라

옛사람(죄인)이던 당신이 그리스도 예수와 함께 십자가에 못 박힘으로(예수 이름으로 세례받음), 이제 당신 인생의 주인은 당신 자신(자아:이기적인 자신)이 아니고, 오직 당신 대신 죽고 부활하신 그리스

도 예수다. 그런데도 당신이 전과 같이 육체(몸)로 있는 것은, 있는 것은, 그 몸으로, 당신을 사랑해서 당신을 위해 자기 몸을 버리신 (대신 죽음), 하나님의 아들 예수그리스도를 믿는 믿음(성령께 순종)으로 살게 하려는 것이다(갈2:19~20). 그러므로 거듭나지 않은 몸(혼과 육)의 행실을 성령으로 죽여야 한다(억제, 롬8:13). 사람이 의롭게 되는 것이, 율법으로 말미암는 것이라면, 그리스도 예수께서 헛되이 죽은 것이기 때문이다.

한 사람이 두 주인을 섬길 수 없는 것처럼, 당신이 하나님을 향하여(믿음으로) 살려면 율법을 향하여는 죽어야 한다. 하나님을 향하여 살려고 하는데, 왜 율법에 대하여 죽어야 하는가? 그리고 율법을 향해 죽는 것은, 어떻게 하는 것일까?

성경은 사람이 셀 수도 없이 많은 율법을 다 지켜 구원 얻는 것은, 불가능한 것임을 가르쳐주고 있다. 그래서 율법 대신, 그리스도 예수의 피로 말미암는 믿음으로만 가능하게 하셨다. 이를 위해 당신이, 그리스도와 함께 십자가에 못 박힘으로(예수 이름 세례), 옛 사람이었을 때 섬기던 율법은 죽은 것이다. 하나님을 향하여 살려는 것은, 율법을 섬기던 삶을 버리고, 대신 죽은 그 아들을 믿는 믿음으로 사는 것이기 때문이다(갈2:19~20).

대체로 율법의 가르침은, 율법을 따르는 사람들에게 한 말이다. 그러나 율법의 목적은 모든 사람을 율법이 정한 죄로, 하나님께 심판받게 하려는 것이다. 이는 사람들의 죄에 대한 변명을 막으려는 것이다. 그러므로 누구나 율법에 가까이 가면 갈수록, 죄가 더욱 커지는 것을 깨닫게 된다. 그래서 하나님께서는 율법을 지킬 수 없는 존재인 인간을 위해, 그 아들 예수그리스도를 대신 나무(십자가)에 달리게 하시므로, 인간이 받아야 할 율법의 저주(죽음)를 대신 받게 하시고, 모든 인간을 율법의 저주(죄)에서 속량하셨다(갈3:13). 이는 아브라함의 유업(영생)을 물려받을 후손(이삭:상속자)이 되는 복(구원, 영생)이, 이방인에게도 미치게 해서, 그리스도 예수를 믿는 모든 사람에게, 하나님께서 약속하신 성령을 받게 하려는 것이다.

하나님께서 아브라함과 그 후손에게, 유업(하늘나라)을 약속하실 때, "후손들에게"라 하지 않고, 단 한 사람을 가리키는 뜻으로, "너의 후손에게(창12:7)"라고 지칭하셨는데, 그는 곧 그리스도 예수시다. 이는 그를 믿는 것 외에는 다른 무엇(율법)으로도, 아버지께서 약속하신 유업을 이을 수 없게 하심이다. 그러므로 하나님을 향해 나가는 것은, 그 마음에 그리스도를 믿는 믿음으로 사는 것이다. 이는 믿기 전 옛사람이었을 때는, 자기가 자기 인생에 주인이었는데, 대신 죽은 예수그리스도를 믿은 후로는, 그를 인생에 새로운 주인으로 모셔 들이고(예수 이름으로 세례), 새사람이 되었기 때문이다(롬6:3~11).

전에는 지체와 마음이 원하는 대로, 세상 풍습을 따라 죄의 종으로 살았지만, 거듭난 후로는 성령께서 인도하시는 하나님 말씀에 믿음으로 순종하며 살게 되었다. 이는 죄로 멸망해야 할 옛사람이, 하나님께서 주신 영원한 생명으로 거듭났기 때문이다. 그러므로 죽은 자가 죄에서 벗어나 "의롭다" 하심을 얻었으므로, 죄의 몸이 멸하여 다시는 죄의 종노릇 하지 않게 된 것이다.

　그리스도의 죽음은 죄에 대하여 단번에 죽은 것이며, 그의 살아 나심은 하나님 안에서 영원히 사심이다. 그러므로 당신이 그와 함께 세례(침례)받았다면, 당신은 그와 함께 죄에 대하여는 죽고(영향이 받지 않음), 하나님께 대하여는 영원히 산 것이다. 그러므로 당신은 그리스도 예수를 믿음으로, 하나님 은혜로 새롭게 거듭난 새사람이므로, 죄로 말미암아 죽어 없어질 육신의 욕망에 빠져, 죄가 몸에 왕 노릇 하지 못하게 하고, 지체를 악의 도구가 되지 않게 해야 한다. 그리고 죽은 자 가운데서 살아나신 그리스도처럼, 하나님께 의의 병기로 드려야 한다. 이는 그리스도 예수로 말미암아, 율법의 죄에 매이지 않고 하나님 은혜로, 율법의 죄에서 자유 함을 얻었기 때문이다(롬6:4~14).

나간 자식 기다리는 아버지 마음(하나님 마음)

　나간 자식(탕자)을 기다리는 아버지의 마음은, 죄인(옛사람)을 기다리는 하나님 아버지 마음과 같다. 집을 나간 자식이, 거지가 되어 돌아온다는 소식을 들은 아버지가, 멀리까지 달려 나가 목을 안고 입을 맞추며 기뻐하는 것은, 죄인이 회개하고 돌아올 때, 하나님 아버지께서 기뻐하시며 죄를 용서해 주시고, "의롭다" 하시며 자기 자녀 삼아 주심이다.

아버지가 탕자에게 제일 좋은 옷으로 갈아입히고, 손에 가락지를 끼워주시고, 새 신을 신겨주심은 성령을 선물로 주심이며, 살진 송아지를 잡아 잔치를 베풀며, "나의 이 아들은 죽었다가 살아났으며, 잃었다가 다시 얻었다"라고 선언하심은 하나님 아버지께서 회개하고 돌아온 죄인의 믿음(구원)을 인치시고 보증(영생 유업)하심이다. 그리고 잔치에 참여한 모든 이들이 함께 즐거워하는 것은, 죄인이 회개하고 돌아왔을 때, 예수 안에서 하나 된 믿음의 형제들이 함께 기뻐하고 즐거워함이다. 이처럼 나간 자식(탕자)을 기다리는 아버지 마음은, 죄인이 돌아오기를 기다리시는 하나님 아버지 마음이다.

탕자는 아버지의 만류를 뿌리치고, 도망가듯 멀리 떠나 버렸다. 탕자는 상황에 따라 자기가 편리한 대로, 아버지와의 관계를 유지했지만, 그러나 아버지는 뿌리치고 나간 자식이 돌아오면 주시려고, 평소에 그 자식에게 꼭 필요한 것들을 미리 준비해 두셨다. 아버지는 자기의 모든 것을 아끼지 않고 자식에게 주셨다. 아버지는 어떤 경우에도 언제나 변함없이 아들을 사랑했다. 죄인을 사랑하는 하나님 아버지 마음도 이와 같다.

어버이가 자나 깨나 문을 열어 놓고, 나간 자식이 돌아오기를 기다리는 것처럼, 하나님은 오늘도, 죄인이 회개하고 돌아오기만을 간절히 기다리고 계신다. 그러므로 목마른 사슴이 시냇물을 찾듯이, 누구든지 회개하고 아버지께로 돌아오면, 삶에 지친 수고와 무거운 짐은 주께 내려놓고, 푸른 초장으로 인도되어 주님이 주시는 생수를 마시며, 영원한 평안과 안식을 누리게 된다.

어버이는 자기 자식이 어떤 죄를 지었을지라도, 죄인이라고 말하지 않을 뿐 아니라, 그렇게 생각하지도 않는다. 더구나 죄의 대가를 치러야 한다고 생각하지도 않는다. 다만 불쌍하고 가엾게만 생각한다. 세상 사람들이 모두 다 탕자를 못된 자식이라고 손가락질할지라도, 어버이는 자기 자식을 나쁜 놈이라고, 생각하지도 않는다. 비록 악한 아비일지라도 자기 자식이 어떤 죄를 지었든지, 불쌍히 보시고 무조건 용서하시고 자식 편을 든다. 어버이에게 자식은 어떤 경우에도 영원히, 자기가 낳은 자기를 닮은, 사랑하는 자기 자식이기 때문이다. 이처럼 하나님 아버지께서도 사람이 죄를 지었다고 해서, 손가락질하며 쓸모없는 인간이라고 미워하시거나 정죄하시지 않고, 회개하고 돌아오기를 끝까지 기다리신다. 하나님께서 죄인을 이렇게 사랑하시는 이유는, 자기의 형상을 따라 자기 모양대로 친히 사람을 지으시고 복을 주시며, 찬송과 영광 받기를 원하시기 때문이다.

어떤 목자에게 양 일백 마리가 있었는데, 어느 날 그중 한 마리를 잃어버렸다. 그는 아흔아홉 마리의 양 떼를 들에 둔 채, 잃어버린 그 한 마리의 양을 찾기 위해 온 들판을 돌아다녔다. 마침내 찾아서 어깨에 메고 즐거워하며 집에 돌아와, 친구들을 불러 모아 놓고, 잃었던 양을 찾았다며 "함께 즐기자" 했다. 이처럼 하늘나라 아버지 집에서는, 죄인 하나가 회개하고 돌아오는 것이, 회개할 것 없는 의인 아흔아홉 때문에 기뻐하는 것보다, 더 기뻐하신다고 예수

열매로 안다

님은 말씀하고 있다(눅15:1~7).

목자가 잃어버린 한 마리의 양을 찾고 기뻐하는 것처럼, 회개하고 돌아온 당신은, 하나님이 찾으시던 한 마리의 잃어버린 양과 같이 존귀한 존재다. 당신이 회개하고 돌아왔을 때도, 하나님은 마치 죽은 자식이 다시 살아 돌아온 것처럼, 천국에서 잔치를 벌이고 기뻐하셨다. 그리고 당신에게 성령을 주시고, 회개에 합당한 열매를 맺어 영생 유업(상속자:후사)을 잇게 하셨다.

집을 나간 탕자가 창기와 함께 허랑방탕하고 있을 때, 아버지는 그가 돌아오기만을 기다리시며, 제일 좋은 옷과 가락지와 신발을 미리 준비해 둔 것처럼, 하나님께서는 죄인이 회개하고 돌아오기만을 기다리시며, 성령과 하늘의 신령한 은혜와 이 땅에서 필요한 은혜의 선물들을 미리 준비해 두셨다.

✚ **묵상 가이드** ─────────────────

1. 탕자는 아버지께 품 군으로 돌아왔는데, 당신은 하나님 아버지께 어떤 모습으로 돌아왔는가? (눅15:19)

2. 당신은 다른 사람을, 정죄하고 판단하고 심판할 만큼 의롭다고 생각하는가? (롬3:10~12)

3. 하나님은 왜 죄인을 즉시 징벌하시지 않고, 사랑하시는가? (롬5:6~8)

제4장

하나님께서 사람(죄인)을
구원하실 때

당신이 옛사람이었을 때는, 더럽고 무서운 죄에 빠져 하나님을 거부하며, 다른 사람을 미워하고 시기하는 악순환 속에서 살았다. 하나님께서는 이런 당신을 징벌하시지 않고, 오히려 불쌍히 여기시고 구원해서, 성령으로 새롭게 거듭나는 은혜를 베풀어 주셨다(딛 3:3~7). 이는 당신(죄인)의 의로운 행위 때문이 아니고, 오직 죄인을 불쌍히 여기시고 사랑하시는 긍휼하심 때문이다.

하나님께서 사람(죄인)을 구원하실 때
중생의 씻음으로 하셨다

예수님은 눅15:11 이하에서, 아버지 집을 나간 탕자가 회개하고, 품 군으로 돌아오는 과정을 소개하신다. 아버지 집을 멀리 떠나 창기와 허랑방탕하던 탕자는, 극심한 굶주림으로 눈물 젖은 빵을 먹고 난 후에야, 자신을 돌아보고 비로소 아버지 집을 그리워하게 되었다. 그는 자신의 잘못된 행동이, 하나님께는 물론 아버지께도, 씻을 수 없는 큰 죄임을 절실하게 깨달았다.

눅15:16] 저가 돼지 먹는 쥐엄 열매로 배를 채우고자 하되 주는 자가 없는지라 17] 이에 스스로 돌이켜 가로되 내 아버지에게는 양식이 풍족한 품 군이 얼마나 많은고 나는 여기서 주려 죽는구나.

탕자가 먼 타국에서, 홀로 굶어 죽지 않을 수 있는 유일한 길(구원의 길)은, 아버지께 돌아가 잘못을 인정하고, 용서를 구하는 것뿐이었다. 탕자는 아버지가 물려 준 많은 유산을 다 탕진했으므로, 아들의 자격으로 돌아갈 명분도 없었다. 그러나 그는 아버지께 자기의 잘못을 고백하면, 반드시 용서해 주실 것을 믿었다. 그는 돌아와 품 군으로 살겠다며 울면서 용서를 구했다.

품 군(일용 근로자)은 하루 일한 품값으로, 그날을 사는 사람이다. 그는 종이나 머슴이 아니기 때문에, 주인집에서 먹고 자지도 않는다. 그래서 일이 있으면 불려가서 일하고, 일이 없으면 자기 집에서 쉬어야 한다. 이들은 하루 품을 팔지 못하면, 다음 날 먹을 양식을 걱정해야 하는 비참한 삶을 사는 사람들이다. 그래서 매일 매일 근심하고 걱정하며 살아야 하는 고달픈 인생이다. 하나님을 거역하며 세상의 쾌락을 찾아 방황하는 인생은, 마치 아버지 집을 멀리 떠난 탕자와 고달픈 삶을 사는 품 군과도 같은 인생이다.

만일 탕자가 아버지께 돌아와 아들의 행세를 하려고 했다면, 그는 잘못(죄)을 인정(회개)하지 않는 것일 뿐 아니라, 그가 탕진한 유산도 모두 변상해야 할 책임이 남아 있는 것이다. 이는 마치 외식하며 이중적으로 살려고 하는 바리새인들처럼, 하나님 이름을 빙자해서 자신의 유익을 챙기려는 파렴치한 행위이며, 자기들만 아브라함의 자손이라고 기득권을 주장하면서 하나님 자녀(구원)행세를 하며, 하나님이 그들에게 구세주로 보내주신 예수그리스도를, 십자가에 못 박게 한 행위와 같은 것이다.

옛사람(죄인)이 먼저 회개할 죄는 영적인 죄(불신)다. 그러므로 만일 누구든지 예수그리스도께서 나의 죄를 대신해서, 십자가에 달려 죽은 것을 믿지 않은 채, 율법과 도덕과 세상 죄만 회개한다면, 그는 죄 사함을 얻을 수 없다. 회개는 예수그리스도의 대 속의 피를 의지하여 회개하는 것이기 때문이다. 이에 대해 성경은 다음과 같이 말씀하신다.

첫째 예수님은 성령께서 책망하시는 죄는 바로, "나를 믿지 않는 것(대 속)"이라고 하셨다. 그러므로 예수그리스도를 구원의 주로 믿지(영접) 않은 죄를, 먼저 회개해야 구원 얻는다(요16:9).

둘째 예수님은 광야의 이스라엘 민족이, 하나님을 원망하다 불뱀에 물려 죽어가고 있을 때, 모세가 장대에 매달아 올린 놋 뱀을 쳐다보는 자마다, 즉시 고침을 받은 것을 상기시키며, "십자가에 달린 그리스도 예수를 믿는 자마다, 멸망치 않고 영생을 얻는다" 하셨다. 그러므로 그를 믿고 영접하는 사람에게는, 하나님 자녀가 되는 권세(구원)를 주신다(요1:12, 3:14~16).

셋째 바울과 실라가 빌립보에서 복음을 전할 때, 점치는 귀신이 들린 어떤 여종에게서 그 귀신을 쫓아냈다. 점 수입이 끊기게 된 그 소녀의 주인은, 바울과 실라를 관원들에게 끌고 가서, "이 사람들은 유대인들인데, 로마 사람인 우리가 지키지도 못할, 나쁜 풍속을 전하며 선동한다" 하여 옥졸에게 넘겼다.

바울과 실라가 옥중에서 한밤중에 기도하며, 하나님을 찬미할 때 갑자기 큰 지진이 나서 옥 터가 흔들리고 옥문이 열리며, 옥중의 모든 죄수에게 매인 것이 다 벗겨졌다. 놀라서 깬 간수가 파옥

된 줄 알고 자결하려고 했다. 그러자 바울이 급하게 소리 지르며, "도망간 사람이 없으니 걱정하지 말라"고 하자, 간수가 무서워 떨며 바울에게 와서, "어떻게 해야 구원 얻느냐"고 했을 때, 바울은 "주 예수그리스도를 믿으라(대신 죽음과 부활), 그리하면 너와 네 집이 구원 얻을 것이다" 했다(행16:16~32).

위에서 살펴본 대로 **중생 즉 구원은, 당신의 죄를 대신해서 피 흘려 죽고 부활하신, 그리스도를 구원자로 믿지 않은 죄를 회개하고, 예수 이름으로 세례**(결신:영접)**받는 것이다**(행2:38). **이는 하나님께서 당신을 죄에서 구원하시기 위해, 그 아들 예수그리스도 외에, 다른 이름을 주신 일이 없기 때문이다**(행4:12).

중생은 회개하여 죄 사함을 얻으므로 된다.

하나님께서는 죄인(옛사람)을 불쌍히 여기시고, 죄 용서를 약속하시며 속죄를 위한 희생제물을 주셨다. 이에 대한 인간(죄인)의 반응은, 회개하여 예수그리스도 이름으로 세례받는 것(결신:영접)이고, 회개한 사람에 대한 하나님 아버지의 응답은, 약속대로 죄를 용서해 주시고 "의롭다" 하시며, 성령을 선물로 주심으로, 자기 자녀로 인치시고 영생을 보증하심이다.

고후5:17] 그런즉 누구든지 그리스도 안에 있으면 새로운 피조물이라 이전 것은 지나갔으니 보라 새것이 되었도다 18] 모든 것이 하나님께로 났나니 저가 그리스도로 말미암아 우리를

자기와 화목하게 하시고 또 우리에게 화목하게 하는 직책을 주셨으니

사람이 마음에 죄로 인정하지 않는 것을, 죄라고 고백하지 않는 것처럼, 당신에게 그리스도 예수에 대한 지식이 있을지라도, 마음으로 그의 대신 죽음과 부활을 믿지 않고, 삶에 주인으로 영접(결신)하지 않는 한, 당신은 그를 '주'라고 시인할 수 없다. 그리스도 예수에 대한 지식 그 자체는 믿음이 아니기 때문이다.

그러므로 당신이 만일, 예수그리스도의 대신 죽음과 부활에 대한 지식을 믿음으로 착각하고, 그를 구원의 주로 영접(예수 이름 세례)하지는 않고, 율법(도덕법, 사회법 포함)의 죄만 회개했다면, 당신은 참된 회개를 한 것이 아니므로, 회개에 합당한 열매를 맺지 못한다. 당신이 구원 얻고 중생하는 것은, 그리스도 예수에 대한 당신의 지식으로만 되지 않고, 당신이 알고 있는 그 지식을 마음에 믿고(하나님이 주신 믿음), 그 믿음대로 사는 것(실천:열매)이기 때문이다(롬10:8~10). 중생은 하나님을 거부하는 죄로 인해, 영원히 죽을 수밖에 없는 옛사람(죄인)이, 하나님께서 화목 제물로 세우신, 그리스도 예수의 피를 믿음으로 말미암아, 하나님 은혜로 죄 씻음을 받고, 새 생명(영원한 생명)을 얻은 새사람으로 거듭난, 새로운 피조물이 된 것이다.

당신이 중생하므로 말미암아 이전 것 즉, 옛사람의 삶의 목적과 가치관을 버리고, 이제는 새롭게 태어난 새사람의 목적과 가치관

열매로 안다

으로 사는 것이다. 이는 당신이 대신 죽고 부활하신 예수그리스도를, 당신 인생에 새로운 주인으로 영접(결신 세례)함으로, 하나님께로 난 하나님 자녀가 되는 권세를 얻었기 때문이다(요1 :12~13). 그래서 새로운 피조물로서, 대신 죽고 부활하신 예수그리스도를 위한 새로운 인생을 시작한 것이다.

예수 이름 세례(결신:품 군으로 돌아온 탕자)

탕자가 아버지 아들의 모든 자격을 포기하고, 품 군중의 하나로 돌아온 것처럼, 당신이 회개하고 예수 이름으로 세례받음은, 당신 자신을 위한 세상 모든 것(권리, 기득권, 삶의 가치관과 목적, 자랑거리 등)을, 하나님께 온전히 위탁(맡김)하고, 예수그리스도를 삶의 새 주인으로 모셔 들인 것이다. 이는 대신 죽은 그리스도 예수를 위해, 믿음으로 살 것(영혼 구원)을 결신 하는 신앙고백이다. 이처럼 당신 (옛사람)이 회개한 증거는, 예수 이름으로 세례받음(영접)이다.

롬6:3] 무릇 그리스도 예수와 합하여 세례를 받은 우리는 그의 죽으심과 합하여 세례받은 줄을 알지 못하느뇨 4] 그러므로 우리가 그의 죽으심과 합하여 세례를 받음으로 그와 함께 장사 되었나니 이는 아버지의 영광으로 말미암아 그리스도를 죽은 자 가운데서 살리심과 같이 우리로 또한 새 생명 가

운데서 행하게 하려 함이니라

당신이 예수 이름으로 세례받기 전 옛사람(죄인)이었을 때는, 육신을 더러움(죄)과 불법(하나님 뜻을 거스름)을 위한 불의의 병기로 사용했었다. 그때는 선한 일(영혼 구원)에는 관심도 없었으며, 땅의 것(탐욕)을 쫓으며 세상 모든 부끄러운 죄악을 저지르면서도, 그것을 죄로 인정하지도 않았었다. 그러나 회개하고 예수 이름으로 세례받은 후로는, 육신의 지체를 의(믿음)의 종으로 드림으로 거룩함에 이르게 되었다. 그래서 예수 이름으로 세례받고 새 생명으로 거듭난 후로는, 율법에 매이지 않고 하나님 은혜 안(믿음)에 있으므로, 죄(율법)가 영향력을 행사하지 못하게 되었다. 그래서 육신의 탐욕에 굴복하지 않으려고 한다. 이는 지체를 불법을 위한 불의의 병기로 사용하는 것이기 때문이다.

당신이 예수 이름으로 세례를 받음으로, 성령께서 당신의 영(양심:심령)을 하나님 말씀(뜻)으로 인도하시고, 당신의 그 영(양심)은 당신 마음(혼, 정신)에 하나님 말씀으로 영향을 끼쳐서, 당신의 육(지체)이 하나님 뜻대로 말하고 행하도록 인도하신다. 이로 말미암아 당신은 모든 사람의, 눈살을 찌푸리게 하는 못된 죄악의 행위들(갈5:19~21)을 버리고, 하나님이 기뻐하시는 성령의 열매(갈5:22~23)를 맺게 되었다.

이는 당신이 육신과 안목의 정욕을 따라 죄의 종으로 살던 옛사람을, 그리스도 예수와 함께 십자가에 못 박고, 성령의 인도하심에 믿음으로 순종하기 때문이다. 그러므로 회개하여 예수그리스도 이름으로 세례받고 새 생명으로 거듭나면, 옛사람이던 죄의 몸이 멸망한 것이므로, 다시는 죄의 종노릇 하지 않으려고 한다. 이는 죄에서 벗어나 "의롭다" 하심을 얻었기 때문이다.

예수그리스도께서는 더럽고 추악한 죄로 인하여, 세상에서 피할 수 없는 궁지에 몰려 있던 당신(죄인)의 죄를 대신해서, 십자가에서 피 흘려 죽었다. 그러므로 당신이 이 사실을 믿고, 그를 당신 인생에 새로운 주인으로 모셔 들이고, 그를 섬기며 살겠다고 결신 하는 것이 예수와 합한 세례를 받음이다. 이 믿음으로 세례(결신)받은 당신은, 그리스도의 부활하심이 당신의 부활임을 믿을 수 있게 된다. 이로 말미암아 그리스도 예수를 죽은 자 가운데서 부활하게 하신 하나님의 영(성령)이, 당신에게 새 생명을 받은 새 사람으로 살아가게 하신다.

탕자가 창기와 함께 허랑방탕하며 탕진한 유산을, 아버지께 변상하지 않은 것처럼, 회개한 사람은 자신의 죄에 대한 대가를 치러야 할 아무런 이유가 없다. 이는 하나님 아버지께서, 그 아들 예수그리스도로 말미암는 십자가의 피 흘리심으로, 이미 다 갚아 주셨기 때문이다. 그러므로 자신의 죄에 대한 값을 치르겠다며, 율법이나 선행이나 신앙 공로를 쌓으려고 노력하는 것은, 그리스도의 대신 죽음을 헛되게 하는 불신앙의 행위다.

결신 간증(회개와 예수 이름 세례)

지인 중 한 사람이 교회를 출석한 지, 두 번째 여름이 되던 84년 (34세) 8월 초 어느 날, 산상 부흥 집회에 참석했다. 태양 빛이 뜨겁게 내리쬐는 한여름인데도, 집회 장소는 건물이 아닌 산속 야외의 대형 천막이었고, 그 주변에는 가족이나 동료들이, 함께 숙박하는 개인용 텐트들이 가지런히 설치되어 있었다. 냉방시설도 없는 천막 안에서는 약 이백여 성도가 예배를 드리고 있었는데, 오십이 조금 넘은 여자 부흥 강사님은, 큰 소리로 "회개하라" 외치며 땀을 뻘뻘 흘리고 있었다.

나의 지인은 무엇을 회개할까 생각하다, 시골 고향 집에 계신 늙으신 부모님(당시 74세)께 효도하지 못한 것을 회개했다. 오 분 정도 되었는데 갑자기 목이 메어 더 이상 기도할 수 없었다. 그는 평소 교회 예배나 기도 모임이나 일상생활 속에서, 말과 행동으로 잘못했다고 생각나는 율법적이고 도덕적인 실수를, 반복적으로 중언부언하며 회개했다. 그러나 그때마다 하나님께서 들으셨는지, 용서는 해 주셨는지에 대하여는, 알려고 하지도 않았을 뿐 아니라 알 수도 없었다. 그는 죄라고 생각나는 것(율법, 도덕, 사회법 등)을, 의례적으로 중언부언했을 뿐이다.

교회에 출석하면서 약간의 변화는 있었다. 그러나 신앙 성숙이 아니고, 좀 더 율법과 도덕과 준법적인 사람이 되려는 노력으로, 마치 겉은 익은 것 같은데, 속살은 전혀 익지 않아서 삼킬 수 없는

열매로 안다

삼겹살처럼, 순전히 종교형식만 취하는 교인이었다.

교회에 열심히 출석하면서 교우들이나 지도자들에게, 믿음 좋은 성도라고 인정도 받았지만, 영혼을 구원하는 복음 전도에는 관심이 없었고, 기회가 있을 때마다 자신의 존재를 나타내려 했을 뿐 아니라 세상 유익을 위해서 예수님 이름을 빙자하기도 했다. 그는 열심히 예배를 드리면서, 매일 매일 세상 죄(율법, 도덕, 사회법 등)를 회개해야 구원을 얻고, 또 그 죄를 짓지 않는 것을 구원 얻은 신앙 생활로 착각했다. 그리고 세상 복을 받는 것은 믿음이 좋기 때문이며, 구원 얻은 믿음으로 착각했다.

그때까지 그는 대신 죽고 부활하신 그리스도 예수를, 성경에서 읽고 교회에서 배워 알고는 있었지만, 그를 구원의 '주'로 영접(믿음)하지 않은 것이, 먼저 회개해야 하는 죄인 줄을 깨닫지 못했다. 그는 자신의 구원을 확인하기 위해, 교회 예배와 활동에 열심을 내며, 율법(도덕법, 사회법 등)을 지키려고 발버둥을 쳤다. 그러나 그때마다 율법(죄)의 세력은, 마치 거대한 쓰나미처럼 순식간에 밀려와, 그를 덮치고는 쏜살같이 빠져나가 버렸다. 그의 마음은 마치 거대한 쓰나미가 할퀴고 간 상처로, 처참하게 부서지고 망가져 버린 해변의 매점들과 온갖 쓰레기 더미로 널브러진 해변의 백사장과도 같았다. 그때마다 그는 자신의 일그러지고 헝클어진 모습을 보며, 어둡고 음침한 사망의 골짜기에 갇혀서, 깊은 좌절감에 빠져 오랫동안 허우적대야 했다.

그는 83년 3월부터 교회에 출석했는데, 목이 서서히 조여 오는 호흡곤란 증세(원인 불명, 82년 12월 31일 오후 5시경부터)로 투병 중이었다. 그는 날마다 순간마다 언제 숨이 막혀 죽을지 모른다는, 두려움과 공포 속에서 방황해야 했다. 그는 교회를 다니면서부터, 질병을 치유하는 성경 말씀과 찬송을 믿고, 열심히 성경을 읽고 찬송을 노래했다. 성경 말씀이 입에 꿀송이처럼 달던 때라, 사무실에서 일하다가도 틈만 나면 읽고 있었다. 언젠가 그날도 퇴근 후 집에서, 시50편을 읽으며 15절을 읽으려고 하는데, 갑자기 가로세로 20cm 정도의 크기로, 한 글자씩 성경책에서 튀어 올라왔다. **"환, 난, 날, 에, 나, 를, 부, 르, 라"** 그런 후, 즉시 **"네 병은, 낳았다"**하시는 낮고 중후한 음성이 아랫배로부터 들려 왔다. 그는 일 년여 넘게 복용해 오던 약(생약)을, 파란색 휴지통에 즉시 버렸다.

언제부터인가 그는 홀로 조용한 시간이면, 마음 깊은 곳으로부터, 예수그리스도께서 나의 죄를 대신해서, 피 흘려 죽은 것을 안타까워하며, 고통스러워하게 되었다. 내가 과연 그를 내 인생에 주인으로 모시고 있는지, 회개는 바르게 한 것인지, 또 회개한 죄를 용서는 받았는지, 그리고 내가 구원 얻은 것이 확실한 것인지, 주님을 바르게(회개에 합당한 열매) 섬기고는 있는 것인지에 대한, 의구심과 고민과 갈등으로 밤잠을 설치며 시달리곤 했다. 그는 예수님께서 나를 위해 당하신 몸과 마음의 고난과 고통을, 조금이라도 경험해 보고 싶다는, 어처구니없고 부질없는 생각을 하기도 했었다. 그래야 그분을 더 잘 이해할 수 있을 것 같았기 때문이다. 이는 당시 예수님에 대한 그의 마음이 너무도 간절하고 절실했기 때

열매로 안다

문이었다.

그는 예수님을, 구원자로 믿지 않은 것을 죄로 인정하고, 회개하여 예수 이름으로 세례받는 신앙의 결단을 하기 전까지, 그리스도를 삶에 주인으로 모셔 들이지는 않고, 율법과 도덕법과 세상 법의 죄를 회개하며, 그것이 죄 사함을 얻고 구원 얻는 회개로 착각했다. 겉으로는 교회 공동체의 모범적인 구성원이었지만, 마음속으로는 확신 없는 구원으로, 오랜 기간을 고민하며 방황해야 했었다. 그는 자신의 죄를 대신해서 죽은 예수그리스도를, 구원자로 믿는 신앙의 결단(예수 이름의 세례:영접)이 없는 회개는, 허공을 치는 공허한 메아리일 뿐임을 깨닫게 되었다.

그는 비로소 대신 죽은 그리스도 예수를, 인생에 새로운 주인으로 모셔 들이고(예수 이름 세례), 이제 남은 생애 동안 그를 위해 살겠다는 신앙의 결단을 했다. 자신이 비록 허물과 죄가 많은 인간이지만, 그리스도께서 대신 피 흘려 죽고 부활하심을 믿음으로 인하여, 하나님께서 그에게 "너는 의인이다"라고 선언해 주셨음을 믿게 되었다. 그 후 한동안 길을 갈 때마다, 마치 구름 위를 걷고 있는 것처럼, 발이 땅에 닿지 않는 것 같았고, 몸은 날아갈 듯이 가볍게 느껴졌다. 주변의 도로와 건물들은 구름 저 아래, 낮은 곳에 있는 것같이 보였다. 그는 더 기도하기 위해 교회 가까운 곳으로 이사를 했다. 마음속으로 예수 이름을 부를 때마다, 더운 눈물이 앞을 가려 억제할 수 없었다. 그는 후일 목사가 되었다.

하나님께서는 죄인을 향하여, 비난하시거나 책임을 묻지 않으신다. 그는 다만 불쌍히 여기시고, 회개하고 돌아오기만을 간절히 기다리실 뿐이다. 아버지를 떠나 허랑방탕하던 탕자가 아버지의 아들임을 포기하고 돌아와, 품 군으로 살게 해 달라며 용서를 구한 것처럼, 회개하고 돌아와 예수 이름으로 세례(결신)를 받으면, 묻지도 않고 조건 없이 용서해 주시고 "의롭다" 하시며, 하나님 자녀 되는 권세를 주신다(요1:12~13). 하나님께서는 이처럼 죄인을 불쌍히 여기시고 자비를 베푸시어 구원해 주신다.

물 침례(구원의 표)

물 침례는 예수 이름으로 세례받는 것(결신)으로, 구원 얻은 외적 증거(구원의 표)다. 이는 곧 물로 거듭남(회개의 세례)이다. 사람이 물로 거듭나는 것은, 죄의 종노릇 하던 옛사람의 삶을 버리고, 이제는 그리스도를 인생에 새로운 주인으로 모시고(영접), 새사람(믿음)으로 살기를 결신 하는 믿음으로 물로 침례를 받는다. 물세례(침례)는 하나님께서 그리스도 예수를 죽은 자 가운데서 살리신 것처럼, 그를 영접함으로, 하나님께 죄 사함을 얻고 "의롭다" 하심을 얻기 위해서, 믿음으로 회개하고 예수 이름으로 세례(침례)받은 사람이 받는 구원의 표다.

벧전3:21] 물은 예수그리스도의 부활하심으로 말미암아 이 제 너희를 구원하는 표니 곧 세례라 육체의 더러운 것을 제하여 버림이 아니요 오직 선한 양심이 하나님을 향하여 찾아가는 것이라 (갈2:19~20)

롬6:4] 그러므로 우리가 그의 죽으심과 합하여 세례를 받음으로 그와 함께 장사 되었나니 이는 아버지의 영광으로 말미암아 그리스도를 죽은 자 가운데서 살리심과 같이 우리로 또한 새 생명 가운데서 행하게 하려 함이니라

물 침례(물세례:예수 이름 세례:결신)는 수세 자(침례받는 자)가, 수면 아래에 완전히 잠겼다가 다시 수면 위로 올라온다. 수세 자가 수면 아래로 들어가는 것은, 옛사람(죄의 영향력)이 그리스도 예수와 합하여 십자가에 못 박히는 것(자기 십자가를 짐)이며, 물속에 완전히 잠기는 것은, 그와 함께 장사 된 것으로 죄의 지배(영향력)에서 벗어난 것이다.

그리고 다시 수면 위로 올라오는 것은, 하나님께서 그리스도 예수에게, 자기 안에 있는 영원한 생명을 주심으로, 그를 죽은 자 가운데서 살아나게 하신 것처럼, 침례받는 자에게도 같은 생명(부활의 생명:믿음)을 주셨음으로, 죄의 종노릇 하던 옛 생명을 벗어 버리고, 새 생명을 얻은 새사람이 되었음을 상징한다. 이는 죄와 상관이 없는 새사람(영생 소유)이 된 것이다.

성경 행8:36~38에서는, 먼 나라 에디오피아의 국고를 맡은 큰 권

세 있는 내시가, 예루살렘까지 와서 하나님을 예배하고 돌아가는 장면을 소개하고 있다. 그는 본국으로 돌아가는 마차에서도, 하나님 말씀을 읽을 정도로 믿음의 열정이 뜨거웠다. 그가 읽고 있던 말씀은, 사53장의 예수그리스도께서 "하나님의 어린 양"으로, 세상 모든 사람을 죄에서 구원하시기 위해, 세상 죄를 대신 지고, 십자가에 피 흘리는 화목의 희생제물이 되실 예언의 말씀이었다. 그는 자기가 읽고 있던 말씀이, 누구를 가리키는 것인지 궁금했다. 그때 마침 성령께서 제자 빌립을 그에게로 인도하셔서, 그 말씀의 뜻을 깨닫게 하셨다.

빌립의 가르침으로, 읽고 있던 구원의 말씀(그리스도)을 깨달은 에디오피아 내시는, 마차를 타고 가다 물 있는 곳에 이르자, "내가 침례를 받으려고 하는데, 무슨 결격 사유라도 있느냐?"고 물었다. 그러자 빌립은 "만일 그대가, 예수그리스도가 하나님의 아들로서, 세상 죄를 위하여 십자가에 달려 죽은 것을, 진실로 믿으면 침례받을 수 있다"고 하자, 그는 "예수그리스도께서 하나님의 아들이심을 내가 믿는다"라고 고백했다(킹 제임스 번역본). 빌립은 물 있는 곳에서 그에게 침례를 주었다. 그는 세상 죄를 대신 지고 가신, 그리스도 예수를 구주로 믿고, 즉시 물로 침례(세례)를 받았다(행8:36~38).

물세례(침례)**는 죄를 회개하고 예수그리스도를 '주'로 영접하는 신앙의 결단**(예수 이름 세례)**을, 하나님과 교회와 사람들 앞**(이웃)**에 증거 하는 의식으로, 물 침례**(세례)**를 행한다. 이는 구원 얻기 위한 의식이 아니라, 구원 얻은 믿음의 표로서, 구원 얻은 외적 증거**

이며, 옛사람에서 졸업인 동시에, 구원 얻은 새 사람으로의 시작 (입학)**이다.**

죄 사함(달려 나가 입 맞추는 아버지)

죄 사함은, 회개하고 예수그리스도 이름으로 세례받은(결신) 사람의 믿음을, 하나님께서 인정하시고 죄 용서하셨음을, 회개한 사람이 믿는 것이다. 이는 하나님께서 약속하신 죄 용서의 말씀을, 사람이 믿음이다.

> 눅15:19] 지금부터는 아버지의 아들이라 일컬음을 감당치 못하겠나이다 나를 품 군의 하나로 보소서 하리라 하고 20] 이에 일어나서 아버지께로 돌아가니라 아직도 상거가 먼데 아버지가 저를 보고 측은히 여겨 달려가 목을 안고 입을 맞추니 21] 아들이 가로되 아버지여 내가 하늘과 아버지께 죄를 얻었사오니 지금부터는 아버지의 아들이라 일컬음을 감당치 못하겠나이다 하나

집을 나간 자식(탕자)이 돌아온다는 소식을 들을 아버지는, 맨발로 달려 나갔다. 아직 거리가 멀어 보이지도 않았지만, 아들이 돌아오는 길을 따라 계속 달려가고 있었다. 아버지는 나간 자식이 돌

아오고 있음을, 직감적으로 알고 있었다. 이는 집을 나간 아들이 언젠가는 돌아올 것을 믿고, 날마다 돌아올 그 길을 바라보며 기다리고 있었기 때문이다.

멀리 저만큼에서 한 젊은이가, 몹시 지치고 초췌한 모습으로 점점 가까이 다가오고 있었다. 그는 집을 나간 둘째 아들이 분명했다. 아버지는 측은히 여기며 달려가 목을 와락 껴안고, 얼굴을 비비며 입을 맞추고 어쩔 줄을 몰랐다. 아버지 품에 안긴 탕자는, 하늘과 아버지께 죄를 지었다며, 이제부터는 아버지의 아들이 아닌, 품 군으로 살겠다고 울면서 용서를 구했다.

아버지는 종들과 동네 사람들을 불러 모아 놓고, 살진 송아지를 잡아 잔치를 벌이며, 그들이 보는 앞에서 탕자를 일으켜 세우고는, "이 내 아들은 죽었다가 다시 살아났으며, 잃었다가 다시 찾았다" 고 했다. 함께 모여 잔치하던 모든 사람도, 다 같이 손뼉을 치고 노래하고 춤추며 즐거워했다. 탕자는 이제 더 이상 탕자가 아니라, 아버지의 당당한 상속자가 된 것이며, 이로 말미암아 형과 품 군들과 동네 사람들도, 자기를 허랑방탕한 탕자라고 무시하거나, 손가락질하지 않게 되었다.

남들은 탕자를, 창기와 허랑방탕하며 많은 유산을 다 털어먹은, 망나니 같은 불효자식이라고 손가락질하며 욕하겠지만, 그러나 아버지는 애타게 기다리던 자식이 돌아왔다며, 탕자의 잘못을 책망하기는커녕, 오히려 "죽었다가 다시 살아났으며, 잃었다가 다시 얻은 아들"이라고 기뻐하며 잔치를 벌였다.

탕자가 아버지에게 물려받은 유산을, 다 탕진하고 비렁뱅이로 돌아왔지만, 아버지는 그(죄의 값)에 대해서는 한마디 추궁도 하지 않았으며, 아들의 신분이나 권리를 박탈하지도 않았다. 탕자는 여전히 아버지의 사랑하는 아들이기 때문이다. 아버지는 회개하고 돌아온 탕자의 죄를 무조건 용서하시고, 미리 준비해 두었던 제일 좋은 옷을 꺼내 입히고, 가락지를 끼워주시고, 새 신을 신겨주셨다. 이는 아들임을 인정(인 침)하고 보증하심이다.

탕자는 자신이 아들의 신분을 회복하기 위해서 아무것도 하지 않았다. 그는 다만 이제부터는 품 군으로 살겠다며, 아들이기를 포기하고 용서를 구했을 뿐이다. 그런데도 아버지는 아들의 신분과 권리와 자격을, 전처럼 완전하게 회복시켜 주셨다. 이처럼 죄인이 회개하여 하나님 자녀가 되는 것도, 인간의 의로운 행위를 하나님께 인정받는 것이 아니라, 오직 죄를 회개하는 자에 대한, 하나님 아버지의 긍휼하심에 의한 약속으로 된다.

이때 마침 밭에서 일하던 형(맏아들)이 돌아왔다. 집 안에서는 살진 송아지를 잡고, 악기 소리와 흥거운 노래와 함께 춤을 추며, 온 집안이 떠들썩하게 잔치를 벌이고 있었다. 맏아들은 창기와 허랑방탕하며, 재산을 다 털어먹은 동생을 위해서, 잔치를 벌이는 아버지를 매우 못마땅하게 생각했다. 화가 난 그는 집 안으로 들어가려 하지 않았다, 그러자 아버지가 쫓아 나와서 달랬다. 맏아들은, "나는 여러 해 동안 아버지를 섬기며 순종했는데, 내게는 염소 새끼라도 잡아, 친구들과 즐기게 하지 않았으면서, 아버지의 많은 재산을 창기와 함께 다 먹어버린 못된 동생 놈을 위해서는, 어떻게 살진 송아지를 잡아 잔치까지 베풀 수 있느냐?"며, 몹시 화를 내며 불평과 원망을 했다.

맏아들은 동생 덕택에 생각지도 않은 많은 유산을, 동생(탕자)과 함께 물려받았다. 그리고 지금까지 아버지 집에서, 아버지 것으로 먹고 마시고 입으면서, 아버지의 보살핌과 도움으로, 끝도 없는 혜택을 누리고 있었다(바리새인). 그리고도 객지에서 주린 배를 움켜쥐고, 돌아온 동생(탕자)을 불쌍히 여겨, 잔치를 벌이고 위로하는 아버지께, 불평과 원망이 극심했다. 이는 성경 마18:21 이하에서 천국을 비유하신 예수님 말씀과도 같다.

어떤 종이 그 주인에게 일만 달란트의 빚(죄)을 졌다. 주인은 그 종이 갚을 능력이 전혀 없는 것을 알고, 불쌍히 여겨 빚을 모두 탕감해 주었다. 그런데 그 종은 곧바로, 자기에게 일백 데나리온 빚을 진 동료(다른 사람의 죄)에게 달려가, 그의 멱살을 잡고 당장 빚을 갚으라며 다그쳤다. 일백 데나리온을 빚진 그 동관은 엎드려 빌며, 조금만 참아 주면 반드시 갚겠다고 사정했다. 그러나 일만 달란트나 되는 많은 빚을 탕감받은 그 종은, 자기 동료가 일백 데나리온의 빚을 갚지 않는다고 옥졸에게 넘겼다. 이는 그 종이 주인에게, 일만 달란트의 빚을 탕감받은 은혜에 대한 감사가 없기 때문이다. 일만 달란트를 탕감해 준 주인은, 이 사실을 알고 노발대발하며, 그 악한 종에게 탕감해 준 일만 달란트를 다시 갚으라며, 그 종을

열매로 안다

옥졸들에게 넘겼다. 예수님께서 하신 이 말씀의 의미는, 당신이 만일 형제를 진실로 용서하지 않으면, 마지막 날 하나님 아버지께서도 당신에게, 이처럼 하실 것이라고 경계하시는 말씀이다(마 18:23~35).

당시 이스라엘이 로마 정부에 바친 세금이, 800/년 달란트였다고 한다. 일백 데나리온은 일만 달란트의 1/600,000이며, 이는 당시 일반 노동자 백일 품삯이라고 한다. 일만 달란트를 오늘날 금액으로 환산하면 100일*150,000원/일*600,000배=약 9조 원이다. 이는 일반 노동자의 일 년 노동 일수를 300일로 가정하면, 약 이십만(200,000) 년을 쓰지 않고 모아야 하는 금액이다. 이 비유의 말씀은 한 개인의 빚으로는 과장된 내용이지만, 인간의 죄의 심각성을 깨우쳐 주는 교훈으로, 인간의 죄의 값은 오직 예수그리스도의 피(십자가의 보혈)를 믿음으로만, 하나님께 탕감(죄 사함)받을 수 있음을 의미한다.

일만 달란트의 빚(죄)을 탕감받은 종은, 하나님께 죄 사함을 얻은 바로 당신이다. 하나님 아버지께서, 죄인인 당신을 불쌍히 여기시고, 용서해 주신 그 사랑과 은혜의 값은, 이 세상에서는 갚을 수 없는, 일만 달란트나 되는 헤아릴 수 없는 큰 것인데 반해, 당신이 다른 사람의 죄를 용서해야 하는 그 사랑과 은혜의 값은, 일백 데나리온만큼이라는 의미다. 이는 당신이 이 세상에서는 도저히 용서받을 수 없는 죄를, 하나님께 용서받은 사람이라면, 다른 사람의 죄를 마땅히 용서해야 한다는 의미다. 이처럼 하나님께 일만 달란트(하나님께 대한 죄:그리스도의 대 속)나 되는 큰 은혜를 받은(탕감) 당신이, 형제에게 일백 데나리온(사람에 대한 죄:세상 죄)만큼의 작은 사랑을 베풀지 못한다면, "어떻게 천국을 갈 수 있겠느냐"고 반문하시는 말씀이다.

요20:23] 너희가 뉘 죄든지 사하면 사하여질 것이요 뉘 죄든지 그대로 두면 그대로 있으리라 하시니라(마18:18)

동생의 실수를 비난하는 형은, 자신은 의롭다(율법)는 것을 주장하는 것이다. 그는 고통 중에 회개하고 돌아온 동생을 위해, 잔치를 벌이며 기뻐하는 아버지를 원망하고 불평하며, 창기와 함께 유산을 다 털어먹은 대가(죄의 심판)를 치르게 해야 한다며, 동생의 잘못을 정죄하고 판단하며 심판했다. 그는 아버지의 깊은 마음을 전혀 이해하지 못했다. 이는 마치 일만 달란트의 빚을 탕감받은 악한 종이, 그 은혜를 모르고 자기에게 일백 데나리온의 빚을 진 동관을 찾아가, 멱살을 잡고 다그치며 빚을 갚지 않는다고, 옥졸에게 넘긴 것이나 다름없다.

세상의 상식과 경우로는 맏아들인 형의 말(율법)이 모두 다 옳다. 아버지도 그것을 아신다. 그러나 맏아들은 동생(죄인)을 불쌍히 여기시는 아버지(하나님 아버지) 마음을 이해할 수가 없었다. 아버지는 그런 맏아들에게, "애야 너는 항상 나와 함께 있으니, 내 것이 다 네 것이다" 하시며, "네 동생은 죽었다가 살아왔으며, 잃었다가 다시 얻은 것이다. 우리가 다 한 가족(예수의 피로 구원 얻은 한 형제)이니, 함께 즐거워하고 기뻐함이 마땅하다" 하며, 맏아들을 설득했다(눅15:31~32).

맏아들과 탕자가 한 아버지의 한 피를 나눈 한 형제인 것처럼, 믿는 사람들은 예수 안에서, 그의 피(대신 죽음)를 함께 나눈 한 형제다. 그러므로 그리스도의 피 흘리심을 믿음으로, 일만 달란트 죄의 값을 탕감(죄 사함)받은 당신(죄인)은, 형제가 당신에게 지은 일백 데나리온의 죄의 값을 탕감(용서)해야 하는 것이, 회개에 합당한 열매를 맺는 믿음이다. 성경은 만일 이 믿음이 없다면, 하나님 나라의 영생 유업을 이을, 하나님의 후사가 아니라고 하시는 것이다(마 18:23~35).

성령으로 새롭게 하셨다

성령의 선물(제일 좋은 옷, 신발, 가락지)

옛사람(죄인)의 영(하나님께 대하여 죽은 영)은 하나님을 모르기 때문에, 하나님과 교제할 수 없다. 하나님께서 옛사람을 성령으로 새롭게 하심은, 성령이 옛사람의 영(죄로 죽은 영)에 오셔서, 하나님과 교제할 수 있는 산 영으로 새롭게 변화시켜 주심이다. 그러므로 사람이 새롭게 거듭나는 것은, 옛사람의 육체가 아니라 영이다. 이처럼 누구든지 그리스도 예수를 믿으면, 그의 영은 전처럼(옛사람) 죽은 것이 아니고, 새로운 피조물(산 영)이 된 것이므로 새로운 인생이 시작된 것이다(고후5:17).

탕자가 돌아와, 품 군으로 살겠다고 울면서 회개하자, 아버지는 그 아들의 먼지 묻은 남루한 옷을 벗기고, 미리 준비해 두었던 제일 좋은 새 옷을 꺼내 입히고, 손에 가락지를 끼워주셨다. 그리고 낡고 해진 신을 벗기고 새 신을 신겨주셨다. 이는 탕자가 아버지께 달라고 사정해서 주신 것이 아니라, 나간 자식이 회개하고 돌아오면 주려고, 아버지께서 미리 준비해 둔 것이다.

이처럼 하나님께서는, 회개하고 돌아온 그의 자녀들에게, 가장 좋은 선물인 성령을 주신다. 탕자가 그의 아버지에게, 제일 좋은 옷과 신발과 가락지를 거저 받은 것처럼, 성령을 선물로 받는 것은 율법의 행위나, 하나님께 달라고 사정해서(열심히 구함) 받는 것이 아니라, 오직 "죄 사함을 얻으면 선물로 주시겠다"고 하신, 하나님의 약속(욜2:28~32)을 믿음으로 거저 받는다.

> 행2:38] 베드로가 가로되 너희가 회개하여 각각 예수그리스도의 이름으로 세례를 받고 죄 사함을 얻으라 그리하면 성령을 선물로 받으리니 39] 이 약속은 너희와 너희 자녀와 모든 먼데 사람 곧 주 우리 하나님이 얼마든지 부르시는 자들에게 하신 것이라 하고(욜2:28~32)

예수님은 제자들에게 성령을 선물로 받음에 대해, "나를 사랑하는 사람은, 고아와 같이 버려두지 않고 영원토록 함께 있기 위해서, 또 다른 보혜사를 보내 주겠다"고 약속하셨다. 그러므로 주님을 사랑하는 사람(계명을 지키는 자)은, 예수님이 말씀하신 대로, 하나님께서 약속하신 성령을 선물로 거저 받는다.

성령은 하나님의 진리의 영이시다. 믿지 않는 세상 사람은 성령의 역사를, 보지도 못하고 알지도 못하기 때문에 그를 받지 못하지만, 그러나 구원 얻은 하나님 자녀들은 그를 알기 때문에, 그들과 함께 활동하시고(은사를 나타내심, 고전12:7~11), 또 그들 마음속에 계시면서 열매 맺도록 하나님 말씀으로 인도하신다(생각나게, 가르쳐 주심, 갈5:22~23, 요14:16~18, 26).

부활하신 예수님은, 아버지께로 가시기 전 제자들에게, "예루살렘을 떠나지 말고, 내가 말한 아버지의 약속하신 성령을 받아야, 권능을 받고 땅끝까지 이르러 내 증인이 된다(행1:4, 8)" 하셨다. 이에 베드로를 비롯한 제자들(120명)은, 예수님이 분부하신 이 말씀에 순종해서, 오순절 날 성령을 받았다(행2:1~4).

제일 좋은 옷(아들의 신분보장)

아버지가 탕자에게 제일 좋은 옷을 입혀 주신 것은, 그가 자기 아들임을 인정하는 신분의 보장(예수로 덧입음)이다.

> 눅15:22] 아버지는 종들에게 이르되 제일 좋은 옷을 내어다가 입히고…

탕자는 다 떨어져 너풀거리고, 흙먼지가 묻은 더러운 옷(옛사람)을 벗어 버리고, 아버지가 주신 제일 좋은 새 옷(예수)으로 갈아입었다. 그는 이제 어디를 가서 무엇을 하든지, 전과 같이 아버지 아들로 행세하게 되었고, 형에게는 동생으로 정당하게 대우받게 되었으며, 품 군들과 동네 사람들에게는, 주인어른의 아들이라는 영광스러운 칭호와 함께, 그들을 부릴 권세와 그들에게 은혜 베풀 능력도 소유하게 되었다. 그리고 전과 같이 아버지의 모든 것을, 형과 함께 유산으로 이어받게 되었다. 그는 이제 더 이상, 아버지의 유산을 창기와 함께 다 털어먹은 허랑방탕한 탕자가 아니고, 당당한 아들의 신분과 권리를 회복하고, 아버지 것을 함께 누릴 아버지의 사랑하는 아들이 된 것이다.

하나님께서 회개하고 돌아온 옛사람의 죄(탕자의 남루한 옷)를 씻어 주시며(죄 사함), "의롭다" 하시고 성령을 주심은, 죄인을 의인으로 새롭게 하심이다. 이는 예수로 옷 입는 것(구원)으로, 회개하고 예수 이름으로 세례받으면, 하나님께서 약속하신 대로 죄를 사하시고, 구원의 선물인 성령을 주신다. 이는 죄인이었던 옛사람이, 하나님 자녀로 그 신분이 회복된 것이다. 여기에는 그 신분(구원)에 합당한(회개) 삶(열매)이 요구된다.

가락지(아들의 권리보장)

아버지가 탕자에게 가락지를 끼워주심은, 정당한 아들로 인정하실 뿐 아니라, 그 아들이 하는 모든 말과 행위들은, 아버지가 하는 것과 같은, 권위와 효력이 있음을 보증하는 의미다. 이는 부동산을 취득할 때, 자기 소유를 증명하는 서류에 도장을 찍고, 그 계약서대로 이행하겠다는 보증으로, 계약금(보증금)을 지급하는 것과 같은 법적인 효력(되돌릴 수 없음)을 말씀하심이다.

> 고후1:21] 우리를 너희와 함께 그리스도 안에서 견고케 하시
> 고 우리에게 기름을 부으신 이는 하나님이시니 22] 저가 또한
> 우리에게 인치시고 보증으로 성령을 우리 마음에 주셨느니라

구원 얻은 사람의 믿음을 견고하게 하시고, 또 그에게 능력을 기름 붓듯 부어 주시는 이는 하나님이시다. 그 하나님께서 구원 얻은 당신의 믿음을 견고하게 인치시고, 그 보증으로 당신 마음에 성령을 주신다. 아버지가 탕자의 손가락에 가락지를 끼워주심 같이, 하나님 아버지께서 회개하고 죄 사함을 얻은 당신에게 성령을 주심은, 당신이 영생 얻은 하나님 자녀임을 인정하심이며, 당신 마음에 이를 확인시켜 주시고 믿게 하심이다.

새 신(사명을 위한 권세와 능력)

과거 우리나라 봉건시대에 천민 계급 출신들은, 발에 신을 신지 못하고, 볏짚으로 만든 짚신을 신고 다니던 시대가 있었다. 탕자가 창기와 함께 허랑방탕하던 시대에도, 노예나 종들은 발에 신을 신지 못했다고 한다. 아버지가 탕자의 낡은 신발을 벗기고 새 신을 신기심은, 아들로서의 권세와 능력을 부여하심이다. 탕자가 아버지

열매로 안다

아들의 권리를 회복함으로, 그는 이제 아버지의 대리자로 아버지의 일을 할 수 있게 된 것이다. 그러므로 그가 하는 모든 일은, 아버지의 이름으로 아버지를 위한 것이며, 아버지가 하는 것과 같은 효력과 권위를 나타내는 것이다.

이처럼 하나님께서는, 회개하고 돌아온 당신을 용서하시고, 자기 자녀로 삼으시고 약속하신 성령을 주심으로, 그리스도 예수를 대신하여 그의 이름으로, 하나님의 일을 할 수 있는 권세와 능력을 주신 것이다. 이는 하나님께서 당신에게 진리의 말씀인 평화의 복음을, 전할 사신(증인)의 사명(신발)을 주심이다.

성령으로 거듭남(잔치:인 침과 보증)

먼 나라에서 창기와 허랑방탕하던 탕자가 돌아와, 하나님과 아버지께 큰 죄를 지었다며 용서를 구하고, 품 군으로 살게 해 달라며 눈물로 회개했다. 아버지는 기뻐서 어쩔 줄을 모르며, 살진 송아지를 잡고 잔치를 벌이며 "나의 이 아들은 죽었다가 다시 살아났으며, 잃었다가 다시 찾았다"고 하며 즐거워했다. 이는 모든 사람에게 탕자가 자기 아들임을 확실하게 인정함이다.

하나님께서는 당신이 회개하고 돌아왔을 때도, 죽었던 아들이 살아 돌아오고, 잃었던 아들을 다시 찾은 것처럼, 기뻐하시며 죄를 사해 주시고 성령을 선물로 주셨다. 이는 멸망의 죄로 죽어야 할 당신을, 사망에서 생명(구원)으로 옮겨 주심(인 침과 보증)으로 영생을 보증하심이다. 그러므로 당신이 그리스도 예수께 속했다면 하나님 자녀이며, 약속대로 영생 유업을 이을 후사(상속자)가 된 것이다(갈3:29, 창21:10~12). 이는 옛사람(죄인)이었던 당신이 죄 사함을 얻고 성령을 받음으로, 새사람으로 거듭났기 때문이다. 이에 대해 예수님은 다음과 같이 말씀하셨다.

요3:4] 니고데모가 가로되 사람이 늙으면 어떻게 날 수 있삽나이까 두 번째 모태에 들어갔다가 날 수 있삽나이까 5] 예수께서 대답하시되 진실로 진실로 네게 이르노니 사람이 물과 성령으로 나지 아니하면 하나님 나라에 들어갈 수 없느니라 6] 육으로 난 것은 육이요 성령으로 난 것은 영이니

성령으로 거듭나는 것은, 율법에 얽매어 죄의 종노릇 하던 옛사람이, 죄에서 벗어나 하나님 말씀(복음)에 순종하는, 의의 종으로 새사람이 된 것이다. 이는 옛사람(죄인)이던 당신이 회개하고 죄 사함을 얻음으로, 성령으로 새롭게 거듭난 것이다.

성경은 사람이 영(양심:심령)과 혼(마음:정신)과 육(신체)으로 구성되어 있다고 말씀하고 있다. 육(신체)은 사람의 영과 혼을 담은 그릇과 같으며, 영, 혼, 육 중 거듭나는 것은 영이다. 성경은 "육으로 난 것은 육이고 영으로 난 것은 영"이라고 말씀하신다. 이는 한번 육으로 난 존재가 영으로 다시 나거나, 영의 존재가 육으로 다시 날

수 없다는 말씀으로, 육으로 난 것은 영원히 육이고, 영으로 난 것은 영원히 영이라는 의미다. 그러므로 육으로 난 사람의 육체(몸)는 육으로 거듭날 수 없으며, 거듭나는 것은 오직 옛사람(죄인)의 영(심령, 양심)이다. 그리고 혼(마음, 정신)은 영과 육(본성)의 중립으로 생각을 매개로 하여, 영(양심)과 육의 속성(생각)에 영향을 받아 의지를 결정하게 되고, 지체는 혼(마음)의 결정에 따라 행동하게 된다.

이처럼 사람이 거듭나는 것은 혈통(핏줄)**이나 육정**(본성, 성품, 성격)**이나, 기질**(체질, 형질)**이나, 인품**(도덕성) **등, 혼과 육이 변화되거나, 한 단계 업그레이드되는 것이 아니고 하나님을 모르던 옛사람**(죄인)**의 죽은 영**(양심, 심령)**이, 하나님과 교제할 수 있는 산 영**(양심, 심령)**으로 새롭게 거듭나는 것을 의미한다.** 그래서 거듭나기 전 옛사람(죄인)의 영은, 하나님을 거부했지만, 그 영이 복음을 듣고 성령께 감화되어 죄를 깨닫고 거듭난 후로는, 모든 부끄러운 죄악을 벗어 버리고, 땅의 것을 구하지 않고 위의 것을 구하는 새사람(의인)이 된 것이다.

예수님은 요3:4~6에서 "바람이 임의로 불므로 그 소리는 들을 수 있어도, 그 바람이 어디서 오며 어디로 가는지 알지 못하는 것처럼, 성령으로 난 사람도 이와 같다" 하시며, "사람이 물과 성령으로 나지 않으면, 하나님 나라에 들어갈 수 없다" 하셨다. 사람이 물로 거듭나는 것(물 침례)은, 옛사람(죄인)이 회개하여 예수그리스도 이름으로 세례를 받음(결신)이고, 죄 사함을 얻음으로 성령(구원의 선물, 세례)으로 거듭난다. 이는 죄 사함을 얻으면 누구에게나 성령

(구원의 선물, 세례)을 선물로 주시겠다 하신, 하나님 아버지께서 약속하신 말씀을 믿음으로 된다.

[성령 노트]

성령 선물: 하나님께서 죄 사함을 얻고 구원 얻은 증거(인 침, 보증, 고후1:22)로 주시는 약속(욜2:28~32)의 선물(행2:38~40)

성령세례: 구원받을 때(최초) 주시는 선물, 단회적이며(행1:4, 2:1~4), 권능 받고 예수 증인(행1:8)이 되게 한다. 이후 주님 오실 때까지 고아와 같이 버려두지 않고 영원히 함께 계시면서(요14:16~18), 회개에 열매를 맺도록 인도한다(갈5:23~24).

내주: 마음에 계심, 열매(갈5:22~23), 인도(요14:16, 롬8:14),

외주: 함께 사역, 역사하심(막16:15~20, 고전12:7~11)

성령 충만: 컵에 물이 가득 차 흘러넘치는 상태, 성령세례 후 기도(눅11:9~13)를 통하여, 반복적으로 충만해진다(행16:25~26).

갈3:2] 내가 너희에게 다만 이것을 알려 하노니 너희가 성령을 받은 것은 율법의 행위로냐 듣고 믿음으로냐 3] 너희가 이같이 어리석으냐 성령으로 시작하였다가 이제는 육체로 마치겠느냐 4] 너희가 이같이 많은 괴로움을 헛되이 받았느냐 과연 헛되냐 5] 너희에게 성령을 주시고 너희 가운데서 능력을 행하시는 이의 일이 율법의 행위에서냐 듣고 믿음에서냐 갈라디아교회 형제들은 거짓 교사에게 미혹되어, 율법을 지켜야 성령(선물:세례)을 받는다고 믿고 있었다. 사도바울은 그들을 어리석다고 책망하며, 그리스도의 피 흘리신 죽음을, 자세하게 가르쳐 준 사실을 상기시켰다. 오늘날도 "죄 사함을 얻으면, 하나님께서 약속하신 대로 성령(구원의 선물, 세례) 받는 것"(행2:38~40)을 가르치지 않고, "구하고 찾고 두드려야 한다거나(눅11:9~13, 성령 충만), 산기도 가서 소나무 뿌리 세 개 정도 뽑도록, 기도를 많이 해야 한다거나, 금식기도 등 사람의 노력으로 받는다고, 헛된 말로 혼란을 조장하는 사람들이 있다.

하나님께서 성령을 선물(구원의 선물:세례)로 주시는 것은, 구원 얻은 그의 자녀를 고아와 같이 버려둘 수 없으므로, 영원토록 함께 있기 위해 주신다(요14:16~18). 하나님께서 성령(구원의 선물:세례)을 주시고, 또 삶 가운데 성령으로 능력을 행하는 일(나타남의 은사)은, 거짓 교사들의 헛된 주장처럼, 율법의 행위나 인간의 노력으로 되는 것이 아니다. 이는 회개하여 예수그리스도 이름으로 세례(결신)를 받으면, 죄를 사하시고 "의롭다"고하시며 "성령(구원의 선물:세례)을 주겠다"고 하신 하나님 아버지의 약속을 믿음으로 된다(행2:38~40, 욜2:28~32).

하나님께서 성령을 풍성히 주시는 이유

하나님께서는 죄인을 구원하시는 은혜로 말미암아, 회개하는 자를 "의롭다" 하시고, 또한 영생의 소망을 따라 그의 후사가 되게 하시려고 구원 얻은 그의 자녀에게 성령을 풍성히 주신다.

딛3:6] 성령을 우리 구주 예수그리스도로 말미암아 우리에게 풍성히 부어 주사 7] 우리로 저의 은혜를 힘입어 의롭다 하심을 얻어 영생의 소망을 따라 후사가 되게 하려 하심이라

성령을 풍성히 주시는 것은, 첫째 "의롭다" 하려 하심이다.

하나님께서는 죄인을 불쌍히 여기시어, 즉시 징벌하시지 않고 회개하고 돌아올 때까지, 오래 참고 기다리시다 마침내 회개하고 돌아오면, 죄를 묻지도 않고 무조건 용서해 주시고 "의롭다" 하시며, 구원해 주신 증거로 성령을 선물로 주시고, 자녀 삼으시는 은혜를 베풀어 주신다. 이처럼 사람(옛사람:죄인)이 하나님 은혜를 힘입는 것(예수로 덧입는 것)은, 죄에서 구원 얻음이다.

모든 사람은 아담에 의한 죄(원죄)의 유전으로 태어났으므로, 본성적으로 하나님께 진노의 심판을 받아야 마땅한 죄인이다. 이는 그 영이 죽은 옛사람(죄인)이기 때문이다. 그러나 그 옛사람의 죽었던 영이, 예수그리스도의 피를 믿음으로 말미암는 죄 사함을 얻고, 다시 새롭게 살아나 하나님과 교제하는 상태를, 중생 즉 새사람으

로 거듭났다고 말한다(고후5:17~18).

한 사람(아담)의 한 범죄로 모든 사람이 죄인 된 것처럼, 한 사람(예수그리스도)이 모든 사람의 죄를 대신하여, 십자가에서 피 흘려 죽음으로, 모든 사람(옛사람:죄인)이 죄에 대하여는 죽은 것이다. 그리스도께서 모든 사람을 대신해서 죽은 것은, 그로 인하여(믿고) 살아있는 자(구원 얻은 자)들에게, 그들 자신을 위하여 살지 않고, 그들을 대신해서 죽었다가 다시 사신, 그리스도 예수를 위해서 살게 하려는 것이다.

그리스도 예수는, 단순히 육신의 눈에 보이는 육체적인 존재가 아니므로, 세상적인 관점으로 평가할 수 있는 그런 존재가 아니다. 그분은 당신과 같은 육신을 입고 세상에 오셨지만, 하나님이 보내신 하나님의 아들인 신적인 존재이기 때문이다. 그러므로 당신이 그를 믿으면, 온전히 새사람으로 새롭게 거듭난다(중생). 이는 당신이 더 이상 이전과 같은 옛사람(죄인)의 인생이 아니라, 완전히 다른 인생을 사는 사람이 되었다는 의미다.

새사람에 대하여 성경은, "보라 이전 것은 지나가고 새것이 되었다"(고후5:17)라고 선언한다. 이는 이제부터 옛사람(죄인)과 같은 삶의 모습(삶의 목적과 가치관)은 사라지고, 이전과는 완전히 다른, 새로운 삶이 펼쳐질 것을 말씀하심이다. 이는 단순히 그리스도 예수를 믿음으로 된다. 그래서 이전(옛사람)에는, 자신만을 위해 세상 것을 구하며 살았지만, 그러나 새사람이 된 후로는, 대신 죽은 그리스도 예수를 위해, 위의 것(하나님의 선한 일:영혼 구원)을 구하며 살게 된 것이다.

하나님께서는 죄를 알지도 못하는 그 아들 그리스도 예수께, 당신의 죄를 대신 담당하게 하신 것은, 당신이 그를 믿음으로 죄 사함을 얻고 "의롭다" 하심을 얻게 하려는 것이다(고후5:11~ 21). 그래서 본질상 하나님의 진노로, 영원히 죽어야 할 당신에게 성령을 주셔서, 영원한 생명으로 힘입게(덧입게) 하셨다(고후5:4~5). 하나님께서 당신에게 성령을 풍성히 주시는 이유는, 당신의 죄를 용서하시고, "의롭다" 하심을 얻게 하려는 것이다.

둘째 성령을 풍성히 주시는 것은, 후사가 되게 하려는 것

하나님께서 당신(옛사람, 죄인)을 구원하실 때, 불쌍히 여기시고 자비를 베푸시어, 그리스도 예수의 피로 말미암아, 구원하시는 약속의 말씀을 믿음으로, 죄를 사하시고 "의롭다" 하시어 성령을 주시고, 영생 유업을 이을 하나님의 후사가 되게 하셨다.

롬4:13] 아브라함이나 그 후손에게 세상의 후사가 되리라고 하신 언약은 율법으로 말미암은 것이 아니요 오직 믿음의 의로 말미암은 것이니라 14] 만일 율법에 속한 자들이 후사이면 믿음은 헛것이 되고 약속은 폐하여졌느니라 하나님께서 아브라함과 그 후손에게, "온 세상을 너와 네 후손에게 주겠다 하신 약속은, 그가 율법을 잘 지켰기 때문이 아니고, 오직 하나님 약속의 말씀을 믿었기 때문이다. 그런데도 율법으로 하나님의 후사가 된다고 주장한다면, 그 믿음은 헛것이 되고 하나님의 약속은, 그 효력이 폐하여진 것이다. 그러므로 율법을 온전히 지켜서, 하나님께 구원받고 복을 받으려고 아무리 노력할지라도, 율법으로는 정죄로 인한 진노만 있을 뿐이다. 인간은 율법을 온전히 지킬 수 없는 존재이기 때문이다.

율법이 없는 곳에는 범죄 함도 없다. 그러므로 영생 유업을 이을 하나님의 후사가 되는 것은, 그리스도 예수를 믿음으로 말미암아, 하나님 은혜로 되는 것이 확실하다. 이는 하나님께 구원 얻고 은혜(축복)를 받는 것이, 그의 약속하신 말씀으로 되는 것임을, 아브라함의 모든 후손에게 확실하게 믿게 하려는 것이며, 또한 율법에 속한 자뿐 아니라, 아브라함의 믿음에 속한 이방인인 당신에게도, 아브라함은 하나님 앞에서 모든 믿는 사람의 조상이 됨을 알고 믿게 하려는 것이다(롬4:13~16).

만일 하나님의 후사가 되는 것이, 율법이나 선행이나 도덕적 행위에서 난 것이면, 이는 하나님의 약속에서 난 것이 아님이 분명하다. 그러나 이는 하나님께서 아브라함에게 약속하심으로 말미암아, 그에게 은혜로 온 땅의 후사가 되게 하셨다. 그러므로 누구든지 그리스도께 속한 사람(믿는 자)이면, 곧 아브라함의 자손(구원 얻은 하나님의 자녀)이며, 약속대로(그리스도 예수의 피를 믿음으로) 영생 유업을 이을 하나님의 후사이므로, 이후로는 하나님의 종이 아니고 아들이다(갈3:18~19, 4:7). 자녀가 아버지의 기업을 물려받는 것처럼, 하나님 자녀이면 그는 곧 그 나라를 유업으로 이어받을 하나님의 후사다. 이는 그 아들을 믿는 믿음으로 되는 것이므로, 그리스도와 함께한 후사다.

롬8:17] 자녀이면 또한 후사 곧 하나님의 후사요 그리스도와 함께한 후사니, 우리가 그와 함께 영광을 받기 위하여 고난도 함께 받아야 될 것이니라(갈3:18, 29)

옛사람(죄인)이 하나님 자녀가 되는 것은, 예수그리스도의 피를 믿음으로 된다. 그러므로 그와 함께 영광을 받기 위해, 고난도 함께 받는 것이 마땅하다. 당신이 믿기 전 옛사람(죄인)이었을 때는, 무서워하는 종의 영(마귀)을 받았으므로 죄의 종노릇 했지만, 그러나 믿은 후로는 하나님의 양자로 입양되어, 그의 사랑을 받고 그 가족의 일원이 된 것이다. 그래서 하나님을 "아바 아버지"라고 부르며 기쁨으로 순종하게 된 것이다. 이는 성령께서 당신의 마음 깊은 곳에 있는 당신의 영(심령)과 더불어, 당신이 하나님 자녀라는 사실을, 확실하게 증명해 주심(호적 등본처럼)을 인지하고 또 믿기 때문이다(고후1:22).

하나님 아버지께서는, 그 아들 예수그리스도에게 주신 것과 같은 그의 재산(영생)을, 그리스도의 피로 말미암아 구원 얻은 당신에게도 주셨다. 그러므로 당신이 그 아들의 영광(영생 부활)을 함께 누리기를 소망한다면, 그분이 받은 고난에 동참하는 것이 마땅하다. 당신이 그리스도를 믿음으로, 세상(현실)에서 당하는 고난(가난, 질병, 슬픔, 환란 등)과 핍박(비난, 억압, 방해, 불이익 등)은, 장차 누리게 될 하늘나라의 영광에 비하면 아무것도 아니기 때문이다. 그러므로 하나님의 후사는 율법의 행위로 인한 후사가 아니고, 그리스도 예수로 인한 후사(상속자)다. 이는 복음으로 말미암아 그리스도 예수 안(믿음)에서, 함께 후사가 되고 또 함께 약속(하나님 나라)에 참여한 자가 되었기 때문에, 그와 함께 영광을 받기 위해 고난도 함께 받아야 한다.

✛ **묵상 가이드** ──────────────────────

1. 당신은 왜 의인인가? (롬3:10~12, 3:24~26, 4:24~ 25)

2. 당신은 성령을 어떻게 받았나? (욜2:28~32, 행2:38~40, 갈3:2, 5, 고후 1:21~22)

3. 성령께서는 당신을 어떻게 인도하시는가? (롬8:14, 요14:26, 16:8 ~11)

제5장

하나님께서 사람(죄인)의 마음을 새롭게 하실 때

　사람의 마음에는 유전이나 출생 이후에 학습된 경험이나 습관이나 지식(또는 상식) 등에 의해 형상화된 고정관념이, 잠재의식 속에 생각으로 내재되어 있다. 이는 그 마음이 어떤 일을 결정하는 중요한 요인이 된다. 그러나 하나님께서는 사람의 마음에 성령을 두시고, 잠재의식 속에 형상화된 굳은 마음(생각:고정관념)을 제하여 버리고, 부드러운 새 마음을 주셔서, 그의 삶(목적과 가치관)이 새롭게 변화되게 하신다,

사람의 마음에
영향을 끼치는 생각

　사람의 양심(영:심령)은 그가 마음에 생각하고 있는 것이나, 또는 말하고 행하는 모든 것들이 선한지 악한지를 분별한다. 그래서 마음과 육체의 탐욕으로, 악한 행위를 하려고 생각하고 말하고 행동할 때, 양심은 그것을 억제하려 하고, 범죄에 대하여는 후회하고 죄책감을 느끼기도 한다. 이로 말미암아 악한 생각과 말과 행동을 절제하게 된다. 이는 그의 마음이 지체의 탐욕보다, 영(양심:심령)의 생각에 더 영향을 받기 때문이다.

　당신이 어떤 생각을 하는가에 따라, 당신의 마음은 영향을 받게 되고, 당신의 지체(몸)는 그 마음의 결정에 따라 행동하게 된다. 당신이 무엇을 생각하는 그것이, 당신의 삶에 관심사이며 당신이 추구하는 삶에 목적이고 가치관이기 때문이다. 그러므로 오늘의 당신은, 과거 당신이 생각해 온 대로의 모습이고, 또 당신의 미래는, 지금 당신이 생각하는 대로의 모습이 될 것이다. 그런 의미에서 사람은 생각하는 존재다. 사람은 누구나 자신만의 독특한 상상력을 동원하여, 눈으로 보고 귀로 들은 것은 물론, 마음으로 느낀 것을 끊임없이 생각하고, 그것(생각한 것)에 따라 마음으로 결단하고, 지체로는 말하고 행동한다.

사람의 마음에 있는 생각은, 그 마음에 영향력을 행사한다. 사단(마귀, 귀신)은 이것을 악용하여, 사람의 마음에 악한 생각을 넣어 죄에 종노릇 하게 한다. 그러나 하나님께서는 사람 마음(심령, 양심)에 성령을 두시고, 하나님을 거부하는 굳은 마음을 제하여 버리고, 부드러운 새 마음을 주신다. 이로 말미암아 부드러워진 새 마음은, 하나님 말씀으로 인도하시는 성령의 인도하심에 어그러지지 않게 반응(결심)하고, 그 결과 옛사람(죄인)이 변하여(생각, 말, 행동) 새 사람(믿음)으로 거듭난다. 그러므로 당신이 만일, 하나님이 인도하시는 영감(감화 감동)을 따라 믿음으로 살면(성령께 순종:열매), 이 땅에서 주님이 주시는 기쁨과 평안을 누리게 되고, 장차에는 눈물과 슬픔과 고통이 없는 영원한 아버지 나라에서, 주님과 함께 하나님의 백성으로 살게 된다.

악한 생각은 범죄 할 기회만 노린다.

하나님께서 가인의 제사를 받지 않자, 그는 화가 나서 안색이 돌변했다. 하나님께서는 그에게, "네가 만일 선을 행하지 않으면 죄가 문 앞(마음)에 엎드리듯 숨어 있게 된다. 그러므로 너는 네 마음에 죄를 행하려는 악한 생각을 버리라"(창4:1~7) 하셨다.

만일 당신의 마음에 죄를 행하려는 악한 생각이 있을 때, 당신의 지체가 행하고자 하는 그 악한 행실(악한 생각)을, 성령으로 죽이지 (억제) 않으면, 그 못된 생각은 당신의 마음 문(양심) 앞에 도사리고 있다가, 당신이 마음 문을 여는 순간(마음으로 행동을 결정하는 순간) 쏜살같이 달려들어, 순식간에 당신을 삼켜버리고 말 것이다(창4:7). 그 결과 당신은 범죄 하게 될 것이고 반드시 멸망(심판)하게 된다(롬 8:13). 이에 대해 성경 잠4:23에서는, "무릇 지킬 만한 것보다 더욱 네 마음을 지키라, 생명(영원한 생명)의 근원이 이에서 남이라" 하셨 다. 이처럼 사람이 마음을 지키는 것은, 영생하게 하시는 하나님의 뜻을 생각하고, 그 뜻에 믿음으로 순종하는 것(분별)이다.

사람의 마음 안에서 갈등하는 두 생각

사람의 마음 안에는 육신의 생각과 영의 생각이 상존한다. 사단 (마귀)은 사람의 마음에 육신의 생각을 넣어, 육신의 일을 생각하게 하고 행하게 하며, 성령께서는 영의 생각을 주시고(감화 감동), 영의 일(하나님의 일)을 생각하게 하고 행하게 하신다.

롬8:5] 육신을 좇는 자는 육신의 일을, 영을 좇는 자는 영의 일을 생각하나니 6] 육신의 생각은 사망이요 영의 생각은 생명 과 평안이니라 7] 육신의 생각은 하나님과 원수가 되나니 이는 하나님의 법에 굴복치 아니할 뿐 아니라 할 수도 없음이라 8]

육신에 있는 자들은 하나님을 기쁘시게 할 수 없느니라 9] 만일 너희 속에 하나님의 영이 거하시면 너희가 육신에 있지 아니하고 영에 있나니 누구든지 그리스도의 영이 없으면 그리스도의 사람이 아니라(롬7:24 참조).

당신의 모든 말이나 행동은, 당신 마음에 있는 생각에 영향을 받은 마음의 결정에 의한 표현이다. 그러므로 평소에 당신 마음에 생각하고 있는, 삶에 대한 목적과 가치관이나 사상과 신념이나 신앙은, 당신의 말과 행동에 결정적인 영향을 끼치게 된다. 만일 당신이 무엇보다도 먼저 세상 자랑거리를 생각한다면, 당신은 하나님의 법(성령)에 복종하지 않을 뿐 아니라 할 수도 없으므로, 하나님을 기쁘시게 하지 못하고, 하나님과 원수가 되는 일만 하게 된다. 이는 당신의 마음속에 그리스도의 영이 없으므로, 그리스도의 사람이 아니기 때문이다. 그러나 당신이 영의 일(하나님 일)을 먼저 생각한다면, 당신은 먼저 하나님이 기뻐하시는 선한 일(영혼 구원)을 위해 살려고 할 것이다(엡2:10).

사람이 회개하면 그의 영(심령:양심)**은 새 사람으로 거듭나지만, 그의 몸과 혼**(본성)**은 여전히 거듭나지 않은 옛사람 그대로다. 사람이 거듭나는 것은 그의 몸과 혼이 아니라, 영**(심령:양심)**이기 때문이다. 그러므로 새 사람으로 거듭났을지라도, 그 몸과 혼**(육신과 마음)**은 여전히 거듭나기 전 옛사람의 몸과 혼이다. 그래서 그 마음에서는, 성령께 순종하려는 거듭난 마음의 법과, 육신에 순종하**

려는 거듭나지 않은 죄의 법이 서로 갈등한다.

이처럼 구원 얻고 거듭난 사람(속사람)의 마음(영:양심) 안에서는, 하나님의 법(생명의 성령의 법)을 따라 성령께 순종하려는 마음(영:양심)의 법과, 거듭나지 않은 육신(몸:겉 사람, 혼:옛사람)의 본성을 따라 살려는, 한 다른 죄의 법(사망의 법)이 서로 갈등한다. 그래서 구원 얻은 거듭난 사람(속사람)의 마음(영:양심)으로는 선(믿음)을 행하려고 하지만, 그러나 거듭나지 않은 육신(몸과 혼)에는 선한 것이 없으므로, 선을 행하지 못하고 도리어, 거듭난 마음(영, 양심)이 원하지 않는 악(죄)을 행하게 된다. 이는 거듭난 사람의 마음(영, 양심) 안에, 거듭나지 않은 육신(몸과 혼)의 죄(본성)가 함께 살아(영향력)있기 때문이다.

당신 안에 거듭나지 않은 육의 본성인 죄의 법(지체의 욕망)은, 거듭난 마음의 법(양심)을 굴복시켜(범죄) 죄(사망)를 짓게 한다. 이는 너무도 비참한 것이다. 그러나 이 세상 누구도 그 죄(율법)에서 당신을 건져 줄 사람은 없다. 그러나 하나님께서, 예수그리스도를 구세주로 보내주셔서, 그 흉악한 죄(율법)의 사슬을 끊어 주시고, 영생하게 하시는 성령의 법으로, 죄와 사망의 법에서 해방 시켜 주셨다. 그러므로 구원 얻은 당신은 하나님께 감사할 수밖에 없다. 그런데도 당신이 회개에 합당한 열매를 맺지 못하는 것은, 그 마음이 섬기려는 하나님의 법이, 육신이 섬기려는 죄의 법(율법)을 제어하지 못하기 때문이다. 그러나 그리스도 안에서, 하나님의 법을 섬기는 사람은 결코 정죄함(심판)을 받지 않는다. 이는 생명을 살리는 성령의 법이, 죄와 죽음의 법에서 이미 해방 시켜, 승리하게 하셨기 때문이다(롬7:12~8: 1~2). 그러므로 성령의 인도하심에 믿음으로 순종해서, 몸의 행실(죄)을 제어해야 한다(롬8:13). 만일 그렇게 하지 않으면 반드시 죽는다(심판). 그래서 항상 성령으로 충만해야 한다.

생각은 사람의 마음에 영향력을 행사한다.

홍수심판이 끝나자 노아는, 그 아들들과 방주에서 나와 포도 농사를 지었다. 그는 포도주를 마시고 만취하여, 이불을 덮지 않고 벌거벗은 채로 장막에서 누워 자고 있었다. 이를 본 둘째 아들 함(가나안의 조상)은 밖으로 나가, 형제들에게 아버지의 부끄러운 허물을 흉보았다. 노아가 술이 깨자 함이 자기에게 행한 일을 알고, "가나안(함)은 저주받고 그 형제의 종들의 종이 되기를 원한다"고 했다(창9:25). 함은 가나안 족속의 조상이다.

그의 후대인 아브라함이 하나님께 부름을 받고, 가나안의 세겜 땅 '모레 상수리나무'가 있는 곳에 이르렀을 때, 하나님께서 아브라함에게 "내가 이 땅을 네 자손에게 주리라" 하시면서, 그 땅에 사는 족속을 그곳에서 다 몰아내고, 그들이 새긴 석상과 부어만든 우상을 다 파멸하며, 산 당을 다 부수고, 그 땅을 점령해서 그곳에서 살라고 하셨다(민33:50~56). 그러나 그때는 이미 그곳 가나안 땅에, 오래전부터 함의 후손들이 원주민으로 살고 있었다(창12:5~6).

아브라함의 후손인 이스라엘 민족이, 애굽에서 나와 그 땅(약속의 땅)에 들어갈 때, 그들은 그 땅의 원주민으로 주인 행세를 하며 강력하게 저항했다(민34).

가나안의 원주민처럼, 사람의 마음에 둥지를 틀고 자리 잡은 굳은 생각(고정관념)은, 그 사람 마음에 강력한 영향력을 행사하며 그 사람의 주인 행세를 한다. 이로 말미암아 믿음이 없는 옛사람은, 사단의 유혹(생각)에 미혹되어(영향력) 죄의 종노릇 하지만, 성령으로 새롭게 변화된 구원 얻은 사람은 탐욕(마귀에게 미혹된 생각)을 버리고, 성령께서 인도하시는 하나님 말씀에 믿음으로 순종한다. 그러므로 마음에 있는 지체의 탐욕이, 마귀의 유혹에 미혹되어 죄에 순종하는 것과 성령께서 인도하시는 하나님 말씀에 믿음으로 순종하는 것은, 그 사람 마음의 선택에 달려 있으며, 그 결과도 그 자신이 감당해야 할 몫이다.

사단은 사람의 마음에
악한 생각을 넣는다

사람의 생각이 바뀌면 그의 마음이 바뀌고, 말과 행동도 따라서 바뀐다. 이는 마치 우물의 표면 수에 오물을 투하하면, 우물 전체가 오염되는 현상과 같다. 사단(마귀:귀신)은 마치 어느 시골 마을 공동우물에 이물질을 투하해서, 샘물 전체를 오염시켜 마시지 못하게 하는 범죄자처럼, 사람의 마음(생각:표면 수)에 악한 생각을 넣어 미혹시키므로(오염시킴), 사단이 계획한 대로 결정하도록 마음에 영향력을 행사한다. 주님이 오신 것(완료형)은, 믿는 자에게 구원을 주시고 영생을 얻게 하려는 것이지만, 사단(도적)이 오는 것(진행형)은, 사람의 생명을 도적질하고 죽이고 멸망시키려는 것이다(요 10:10). 사단이 사람의 마음에 어떻게 악한 생각을 넣고, 그 결과는 어떠한지, 성경에서 살펴보자.

첫째 사단(귀신)은 주인 없는 집(사람의 마음)에 들고 난다.

성경은 주인(그리스도)이 없는 사람의 마음에, 더러운 귀신이 자유롭게 드나들고 있음을 말씀하고 있다. 주인(그리스도)이 없는 사람의 마음에 머물고 있던 더러운 귀신이, 그 사람의 마음에서 나갔을 때, 먼저 있던 그 사람의 마음(주인:그리스도가 없는 마음)을, "내가 살던 내 집"이라고 말하고 있다.

> 마12:43] 더러운 귀신이 사람에게서 나갔을 때에 물 없는 곳으로 다니며 쉬기를 구하되 얻지 못하고 44] 이에 가로되 내가 나온 내 집으로 돌아가리라 하고 와 보니 그 집이 비고 소제되고 수리되었거늘 45] 이에 가서 저보다 더 악한 귀신 일곱을 데리고 들어가서 거하니(마음에 들어가 자리를 잡고 상주함:원주민) 그 사람의 나중 형편이 전보다 더욱 심하게(영향력 행사) 되느니라 이 악한 세대가 또한 이렇게 되리라

주인 없는 곡식 창고에 쥐가 쉴 새 없이 들고 나는 것처럼, 사람 마음에 주인(예수그리스도)이 없으면, 사단(귀신)이 그 마음에 악하고 더러운 생각을 끊임없이 퍼 나른다. 어떤 사람 마음에는 그들이 좋아하는 먹거리인 쓴 뿌리(정신적 신체적 트라우마, 이단 종교와 신비주의, 중독과 나쁜 습관, 치유되지 않은 상처, 죄책감, 우상과 그 섬김, 피해 및 과대망상, 자기 비하, 좌절감, 독선과 의존성, 외로움과 슬픔과 연민, 애증과 미움과 증오와 저주, 성적 타락, 탐욕, 우울과 비관 등)가 가득히 쌓여 있다. 이처럼 사람의 마음에 귀신들이 좋아하는 악하고 더러운 먹거리가 있으면, 귀신을 불러들이는 원인이 된다.

더러운 귀신이 사람에게서 나가 물 없는 곳(믿음 없는 사람)을 찾아다니며, 새집(더 많은 먹거리가 있는 사람)을 구하기 위해 찾아다녔지만, 구하지 못하고 먼저 살던 그 집(옛사람)으로 다시 돌아왔다. 그 집에는 아직도 주인(그리스도)이 없었을 뿐 아니라. 귀신이 살기 좋은 환경으로 리모델링(더 많은 먹거리)까지 되어 있었다. 그 더러운 귀신은 저보다 더 악한 귀신들을 더 많이 데리고 들어갔다. 그 결과 그 사람의 형편은 전보다 더욱 비참하게 되었다. 이는 오늘날 이 악한 세대가 저지르고 있는 죄악의 결과가, 장차 다가오는 세대의 사람들에게, 더욱 비참하고 심각한 영향을 미치게 될 것을 예고하는 경고의 말씀이다.

귀신(마귀)은 거짓의 아비이며 더럽고 악한 존재이므로, 그리스도가 없는 사람의 마음을, 그가 살기 좋은 환경으로 청소되고, 수리된 주인 없는 빈집으로 생각하고, 그 사람의 마음(빈집)을 거짓과 더러움과 악한 생각으로 가득 채운다. 그러므로 마음에 있는 더럽고 악한 생각을 쫓아내지 않으면, 가나안의 원주민처럼, 그 마음속에서 둥지를 틀고 그 사람의 주인 행세를 하며, 마침내 거짓과 더럽고 악한 말과 행동으로 타락하게 할 것이다.

사람 마음에 둥지를 틀고 있는 악하고 더러운 생각은, 마치 그의 주인이라도 되는 것처럼, 그가 복음을 들을 때 강력하게 거부하며 저항한다. 그리고 그의 삶을 훼방하고 힘들게 하며, 마침내 깊은 수렁과 웅덩이로 밀어 넣어, 예기치 않은 슬픔과 환란을 당하게 하기도 한다. 그러므로 무엇보다 더욱 마음을 지켜야 한다. 생명(영생)의 근원이 마음에 있기 때문이다(잠4:23).

둘째 사단은 사람 마음에서 말씀을 빼앗아 간다.

예수님은 막4:15~20의 씨뿌리는 자의 비유에서, "말씀이 길가에 뿌려졌다는 것은, 사람이 말씀을 들을 때 사단이 즉시 와서, 그 말씀을 빼앗아 가는 것"이라고 하셨다. 이는 들은 말씀을 묵상해서 마음 밭에 새겨두지 않고 방치하므로, 사단이 그 말씀을 왜곡시키거나 믿지 못하도록 의심하게 해서, 말씀에 능력(영향력)을 소멸시킨다는 의미다. 사단은 이처럼 사람의 마음에 악한 생각을 넣어, 사람의 마음에 있는 말씀을 빼앗아 간다. 그러므로 하나님 뜻에 배치되는 악한 생각은, 예수 이름으로 물리치고, 마음에 있는 말씀은 믿음으로 지켜야 한다.

셋째 아나니아 부부의 마음에 가득한 사단(행5:1~11)

초대교회 때 바나바가 전 재산을 팔아 교회를 섬기자, 이에 질세라 아나니아와 그 아내도, 전 재산을 팔아 그중 얼마를 감추고, 나머지는 교회에 드리며, "이것이 판 값의 전부라"고 했다. 하나님께서 이 사실을 베드로에게 알게 하시므로, 아나니아와 그 아내에게

"어찌하여 사단이 네 마음에 가득하여, 네가 성령을 속이고 땅값 얼마를 감추었느냐"고 하며, "어찌하여 이 일을 네 마음에 두었느냐, 이는 사람에게 거짓말한 것이 아니고, 하나님께로다" 하며 책망했다. 그들 부부는 이 말을 듣고 곧바로 엎드러져 죽었다. 이 사건은 하나님께 드리는 예물의 많고 적음의 문제가 아니라, 하나님께 정직한 믿음의 중요함을 교훈한다.

사람이 생각과 말과 행위로 다른 사람을 속일 수는 있으나, 아무리 감추고 속이려 해도 하나님을 속일 수는 없다. 인간은 하나님께 지음을 받은 유한한 존재이기 때문이다. 그런데도 인간은 미련하고 어리석어서, '설마 하나님께서 아실까?' 하는 생각으로, 그 마음을 감추고 거짓말을 한다. 그러나 어리석은 자신도 거짓말이라는 사실을 잘 알면서, 전지전능하신 하나님께서 왜 '모르실 것'이라고 생각할까? 이는 결국 자신을 속이는 어리석은 행동으로, 마귀의 속임수에 현혹되었음을 알아야 한다.

아나니아와 그 아내는 전 재산을 처분해서 그 얼마를 하나님께 드리고도, 칭찬받기는커녕 오히려 성령을 속임으로 저주받았다. 사람이 믿음으로 하지 않는 생각과 말과 행위는, 마음(양심)을 속이는 것이며 부정한 것으로, 하나님을 기만하는 악한 행위다. 그들 부부는, 명예와 물질로 유혹하는 사단의 간계에 미혹되어, 하나님께 돌이킬 수 없는 죄를 범하고 말았다.

넷째 가룟 유다의 마음에 사단이 들어가다.

예수님께서는 제자들과 마지막 만찬에서, 떡 한 조각을 가룟 유다에게 주시면서, "네가 하고자 하는 일을 속히 하라" 하셨다.

요13:26] 예수께서 대답하시되 내가 한 조각을 찍어다가 주는 자가 그니라 하시고 곧 한 조각을 찍으셔다가 가룟 시몬의 아들 유다를 주시니 27] 조각을 받은 후 곧 사단이 그 속에 들어간지라 이에 예수께서 유다에게 이르시되 네 하는 일을 속히 하라 하시니

위 본문 말씀에서, 가룟 유다가 예수님께 떡 조각을 받은 후, 곧 사단이 그의 속에 들어갔다고 기록하고 있다, 사단은 사람의 마음에 악한 생각을 넣어, 마음과 지체의 본성(탐욕)을 유혹하거나 충동질해서 죄를 짓도록 유도한다. 그 결과 그 사람의 지체(몸)는, 그의 영(심령, 양심)이 추구하려는 선(성령의 감화 감동)을 외면한 채, 본능(원죄의 영향)에 의해 본성대로 생각하고 말하고 행동하게 한다. 그의 마음에 있는 이 악한 생각은, 그 자신의 생각이 아니라, 인간을 이용해서 하나님의 일을 훼방하려는, 사단(마귀)의 악하고 간교한 술책이기 때문이다.

사단은 사람의 마음에 악하고 더러운 생각을 넣고, 그 사람이 사단의 생각대로 결정하도록 그 마음에 영향력을 행사한다. 이로 말

미암아 그의 지체는, 그 마음의 결정에 따라 생각하고 말하고 행동하게 된다. 사단의 유혹에 미혹된 사람은, 그것이 사단의 생각이라는 것을 알지 못하고, 자기 생각(최선, 신념, 사명 또는 공의)이라고 착각하기 때문에, 그 악하고 더러운 사단의 생각을 제지하려고 하지 않고 그대로 따라 행동한다.

사단이 가룟 유다의 마음에 예수를 팔려는 생각을 넣었을 때(유혹), 그는 그것이 사단의 생각이라는 사실을 모르고, 대제사장과 장로들에게, 은 삼십 냥을 받고 예수님을 팔았다(마26:15). 그는 예수님이 십자가에서 처형된 후에, 죄책감으로 후회하고 뉘우치고 고통스러워하다 마침내 자결했다(마27:3~5). 그러나 사람이 죄에 대한 도덕적 책임감이나 죄책감으로, 후회하고 뉘우치며 반성한다고 해서 구원 얻을 수는 없다. 구원은 오직 그리스도 예수의 피를 믿음으로 말미암는, 죄 사함을 얻고 "의롭다" 하심으로 되는 것이기 때문이다.

사단은 가룟 유다에게 그랬던 것처럼, 사람을 자기 계획대로 이용하고 그 이용 가치가 없을 때, 그 집(사람)을 나가 또 다른 집(물 없는 곳:더 많은 먹거리가 있는 사람)을 찾아 나선다. 그리고 또 다른 집(그리스도가 없는 사람)을 찾으면, 그 집에 들어가려고 끊임없이 악한 생각이 떠오르게 한다. 사단은 이처럼 사람의 마음에 악한 생각을 넣어(유혹), 인간의 본성을 충동질하여 멸망시키려고 한다. 사람의 머리 위로 날아다니는 새를 막을 수는 없지만, 그러나 머리 위에 앉으려고 하는 새는 쫓아야 하는 것처럼, 마음에 악한 생각이 떠오르지 않게 할 수는 없지만, 그 생각이 마음에 둥지를 틀지 못하도록 떨쳐버릴 수는 있다.

그러므로 악하고 더러운 생각이 떠오를 때, 그 생각에 미혹되어 이 세상 풍속(목적과 가치관 등)을 따르지 말고, 예수 이름으로 물리치고 성령의 인도하심에 믿음으로 순종해야(요13:2, 눅22:3) 한다. 그리할 때 마음속에 들어온 악하고 더러운 생각은 사라지고, 굳은 마음(고정관념)은 부드러운 마음으로 새롭게 변화된다. 이는 하나님께서 사람의 마음 깊은 곳(영:심령, 양심:마음 밑바닥)에 성령을 두시고, 그의 영(양심, 심령)이 성령의 인도하심에 믿음으로 공감(반응)하게 하셨기 때문이다.

다섯째 베드로의 마음에서 사람의 일을 생각하게 하는 사단

예수님께서는 제자들에게 "자기가 예루살렘에서, 장로들과 대제사장들과 서기관들에게, 많은 고난을 받고 죽임을 당하고, 제삼 일에 살아나야 할 것"을 말씀하셨다.

마16:21] 이때로부터 예수그리스도께서 자기가 예루살렘에 올라가 장로들과 대제사장들과 서기관들에게 많은 고난을 받고 죽임을 당하고 제삼 일에 살아나야 할 것을 제자들에게 비로소 가르치시니 22] 베드로가 예수를 붙들고 간하여 가로되

열매로 안다

주여 그리 마옵소서 이 일이 결코 주에게 미치지 아니 하리이다 23] 예수께서 돌이키시며 베드로에게 이르시되 사단아 내 뒤로 물러가라 너는 나를 넘어지게 하는 자로다 네가 하나님의 일을 생각지 아니하고 도리어 사람의 일을 생각하는도다 하시고

예수님께서 자신이 죽임당하실 것을 말씀하시자, 베드로가 예수님을 붙들고 간절하게, "주여 그리 마옵소서, 이 일이 결코 주님께 일어나지 않을 것입니다" 하며 위로했다. 예수님은 베드로에게 "사단아 내 뒤로 물러가라, 너는 나를 넘어지게 하는 자로다, 네가 하나님의 일을 생각지 않고, 도리어 사람의 일(사단의 생각)을 생각하는 것이냐?" 하시며 책망하셨다. 예수님은 베드로가 사단이라는 것이 아니라 그 마음에 있는 생각이 사단의 생각이라는 의미다. 사단은 이처럼 그의 악한 계획과 목적을 이루기 위해, 사람의 마음에 악하고 더러운 생각을 넣는다.

베드로는 주님의 죽음을 상상조차 할 수 없었을 것이다. 예수님이 늙거나 불치병이 든 것도 아니며, 로마 정부에 죽어야 할 죄를 지은 죄인도 아니었다. 더구나 그는 예수님을, "주는 그리스도시며 살아계신 하나님의 아들"이라고 믿었을 뿐 아니라 죽은 자도 살리시며, 전능하신 하나님의 아들이신 그분이, 인간(대제사장과 서기관)에게 아무 힘도 없이 무기력하게, "죽임을 당하게 될 것이라"고 하신 말씀을, 도저히 믿을 수가 없었을 것이다. 베드로에게는 예수님

의 죽음이, 어떤 경우에라도 받아들일 수 없는 황당한 일이었을 것이다. 베드로는 이런 일이 예수님께는, 절대로 일어나지 않을 것이라고 믿을 수밖에 없었을 것이다.

그러나 만일 베드로가 예수님을 붙들고, 간절하게 위로한 말대로 된다면, 하나님 나라는 어떻게 될까? 베드로는 자기가 예수님께 하는 말이, 무슨 의미인지도 모르고 하는 말이다. 그래서 예수님은 베드로를 향하여, 하나님의 일을 생각하지 않고, 도리어 사람의 일(사단의 일)을 생각하게 하는 사단이라고 하며, 물러가라고 하시는 것이다, 이는 사단이 베드로의 마음에 악한 생각을 넣어, 예수님을 시험 들게(넘어지게) 해서, 하나님의 일(영혼 구원)을 훼방하려는 것이다.

사람의 굳은 마음을
부드럽게 하시는 성령

하나님께서는 옛사람의 마음에 성령을 두시고, 그의 영(심령, 양심)을 하나님 말씀에 공감하도록 인도하신다. 하나님 말씀에 공감(감화)된 그의 영(심령, 양심)은, 그 마음에 있는 생각이 공감하도록 영향(생각)을 준다. 이로 말미암아 그 마음은, 성령께 공감받은 생각에 따라 결정하고, 그의 지체는 그 마음이 결정한 대로 말하고 행동하게 된다. 이처럼 성령께서는 사람의 굳은 마음을, 부드러운 새 마음으로 새롭게 변화시켜 주신다.

하나님의 속사정(뜻)을 알게 하시는 성령

하나님께서는 구원 얻은 당신에게 성령을 주시고, 하나님의 깊으신 모든 속사정을 알게 해서, 새롭게 변화를 받아 하나님의 선하시고 기뻐하시며 온전한 뜻이 무엇인지 분별하게 하신다.

고전2:10] 오직 하나님이 성령으로 이것을 우리에게 보이셨으

니 성령은 모든 것 곧 하나님의 깊은 것이라도 통달하시느니라
11] 사람의 사정을 사람의 속에 있는 영 외에는 누가 알리요
이와 같이 하나님의 사정도 하나님의 영 외에는 아무도 알지
못하느니라

당신이 무엇을 생각하고 있는지, 또 당신이 어떤 사람인지는 당신 자신(영) 외에는 아무도 모르는 것처럼, 하나님의 크고 비밀스러운 계획은, 오직 하나님의 영(성령) 외에는 아무도 모른다. 하나님께서 죄인을 구원하시기 위해, 창세 전에 예비하신 크고 비밀스러운 계획은, 사람의 눈으로 보지 못하고, 귀로도 듣지 못했을 뿐 아니라, 마음으로도 생각지 못한 엄청난 비밀이다. 그런데 성령께서 하나님의 이 크고 비밀스러운 계획을, 당신(죄인)에게 확실히 알게 하시므로 믿고 구원 얻게 하셨다.

성령께서는 하나님의 가장 깊고 신비한 비밀까지도, 예리한 관찰력으로 꿰뚫어 보시고, 이것을 구원 얻은 하나님의 자녀에게 알게 하신다. 그러므로 사람이 이 선물(성령)에 대해 말할 때, 인간의 말을 사용하는 것이 아니고, 성령께서 가르쳐주신 하나님의 언어(말씀)를 사용하게 된다. 성령의 일을 설명할 때는 성령의 말이 필요하기 때문이다.

세상 사람들은 성령께서 가르쳐 주시는 하나님의 일을, 이해할 수도 받아들일 수도 없다. 왜냐하면 그들에게는, 성령에 대한 말이 어리석고 미련하게 들릴 뿐만 아니라, 이해할 수도 없고 그들의 상

열매로 안다

식에도 어긋나는 말이기 때문이다. 그래서 믿지 않는 사람들은, 성령의 역사를 보지도 못하고 알지도 못하기 때문에 성령을 받지 못하지만, 그러나 그를 믿는 사람은 성령의 역사하심을 알기 때문에, 성령께서 그와 함께 활동하시고(은사를 나타내심, 증인의 사역, 막16:15~20), 또 그의 마음속에 계시면서(성령의 열매를 맺게 하심, 요14:17), 하나님의 모든 속사정(뜻)을 알게 해 주시므로 믿고 순종하게 하신다(고전2:9~16).

모든 것을 가르치고 모든 것을 생각나게 하시는 성령

어떤 형제들은 어떤 일을 행하려고 할 때(계획), 그 일이, 하나님의 선하신 뜻에 합당한지를 생각하지 않고, 자기에게 유익하다고 생각되면 무조건 결정하고 시행한다. 또 어떤 경건한 형제들은 그 생각(계획)하는 일이, 하나님 뜻에 합당한지, 분별하기를 힘들어한다.

요14:26] 보혜사 곧 아버지께서 내 이름으로 보내실 성령 그가 너희에게 모든 것을 가르치시고 내가 너희에게 말한 모든 것을 생각나게 하시리라

하나님께서는 당신의 마음 깊은 곳(영:심령, 양심)에 성령을 두시고, 당신과 영원토록 함께 하시면서(요14:17), 모든 것을 가르쳐 주

시고(지혜의 말씀), 예수께서 말씀하신 모든 것(하나님의 뜻)이 생각나게(지식의 말씀) 하신다(요14:26). 이때 주께서 당신에게 평안을 주시므로, 성령께서 인도하시는 것임을 믿게 해 주신다(요14:27). 세상이 주는 평안은 잠시의 평안이지만, 주께서 주시는 평안은, 세상이 주는 것과 같지 않은 영원한 것이므로, 성령께서 가르쳐 주시고(지혜) 생각나게(지식) 하실 때, 마음에 근심하거나 두려워하지 말고 믿음으로 순종해야 한다. 성경 빌2:13에서는 이를 더 확실하게 증거해 주신다.

> 빌2:13] 너희 안에서 행하시는 이는 하나님이시니 자기의 기쁘신 뜻을 위하여 너희로 소원을 두고 행하게 하시나니

하나님께서는 당신 마음에, 그가 기뻐하시는 뜻을 소원으로 품게 하시고, 그 일을 이루어 가도록 도와주시기 위해서, 당신 마음에 성령을 주셨다. 그러므로 하나님이 기뻐하시는 일에 대한 감동이 있을 때, 그것이 당신 생각이 아니고 하나님께서 당신 마음에, 그의 소원을 품게 하신 것이므로, 믿음으로 순종해야 한다. 이는 성령께서 인도해 주시는 것(요4:26)이기 때문이다. 그렇게 할 때 당신의 삶과 사역을 통해서, 하나님께 영광이 되는 열매가 맺힌다. 사람의 마음을 어지럽히는 악한 생각은, 사단(마귀)의 간계이지만, 하나님의 모든 것을 가르쳐 주시고, 주께서 말씀하신 모든 것이 생각나게 하시는 것은, 사단이나 당신 생각이 아니고, 성령께서 주시

는 지혜와 지식의 말씀이다.

성령께서 사람의 마음을 어떻게 새롭게 하실까?

하나님께서는 옛사람(죄인)을, 처음 사람 아담(하나님)의 형상과 모양으로 회복시키시기 위해, 그 마음(영:심령, 양심)에 성령을 두셨다(행2:38). 이는 태초에 하나님께서 사람을 죄에 연약한 존재로 지으셨기 때문에, 그를 인도하시며 도우시고 보호해서, 항상 하나님을 의지하게 하려 하심이다.

당신이 옛사람이었을 때는, 그 마음이 흙이 얇은 돌밭과 같아서, 태어날 때부터 유전된 죄의 영향력과 출생 후 학습된 쓴 뿌리(악한 생각들:극단적 이기주의, 편견과 오해, 고정관념, 편협한 신념과 사상과 이념, 나쁜 습관이나 중독, 마음의 상처, 잘못된 경험 상식과 지식 등)가 마음에 단단하게 굳어져 있었다. 이런 쓴 뿌리들은 당신(옛사람:죄인) 마음 안에서, 마치 주인 행세를 하며 하나님을 거부하게 했다. 그 결과 당신은 구원의 복음을 수용하지 못하고, 육신의 만족을 위해 세상 자랑거리들을 구하며 오직 이기적으로 살면서, 많은 범죄(생각과 말과 행위)로 몸은 죄로 얼룩지고, 마음은 오염되어 양심은 무디어 갔다. 그러나 성령께서 이런 굳은 마음을 제하여 버리고, 부드러운 새 마음을 주셨다. 이에 대하여 성경은 다음과 같이 말씀하고 있다.

겔36:25] 맑은 물로 너희에게 뿌려서 너희로 정결케 하되 곧 너희 모든 더러운 것에서와 모든 우상을 섬김에서 너희를 정결케 할 것이며 26] 또 새 영을 너희 속에 두고 새 마음을 너희에게 주되 너희 육신에서 굳은 마음을 제하고 부드러운 마음을 줄 것이며 27] 또 내 신을 너희 속에 두어…

사람이 목욕할 때 맑은 물을 뿌려, 몸에 묻은 더러운 때를 깨끗하게 씻어 내듯이, 하나님께서는 당신(옛사람)의 굳은 마음에 성령을 두시고, 하나님을 거부하는 당신의 돌같이 단단하게 굳은 마음을 제하고, 부드러운 새 마음을 주셨다. 이로 말미암아 당신은, 새롭게 변화된 새 마음으로, 성령의 인도하심에 믿음으로 순종하게 되었다. 당신의 마음속(심령, 양심)에 계신 성령은, 당신의 영(심령, 양심)을 하나님 말씀에 감동하게 해서, 당신 마음에 있는 생각이, 하나님 말씀에 공감하게 하고, 당신의 마음은 하나님이 기뻐하시는 뜻대로 결정하게 한다. 생각은 이처럼 당신의 마음에 영향을 준다. 그러므로 당신의 생각이 바뀌면 마음이 바뀌고, 당신의 마음이 바뀌면 삶(말과 행동)도 따라 바뀐다.

사단이 당신 마음에 넣는 악한 생각은, 당신 마음에 악한 영향력을 행사하고, 성령은 하나님의 말씀으로 당신의 영(심령, 양심)에 감동을 주신다. 이로 말미암아 당신의 마음은 사단이 주는 악한 생각이나, 성령께서 주시는 진리의 말씀에 따라, 순종할지 말지, 또는 유보할지를 결정하게 된다. 이 과정은 일의 특수성이나 환경이나 상황에 따라, 오랜 시간이 걸리기도 하고, 순간적으로 결정되기도 하는 다양성을 보인다.

당신의 마음이 사단의 유혹에 미혹되면, 죄의 종노릇 하게 되지만, 그러나 성령께서 인도하시는 하나님 말씀에 감동되면, 마음이 새롭게 변화되어 믿음으로 순종하게 된다. 그래서 하나님께서는 구원 얻은 당신을, 고아와 같이 버려두지 않고 영원히 함께 있기 위해서, 그가 약속하신 대로 성령을 선물로 주셨다.

사람의 마음은 생각의 광장이다. 사람 마음 안에 있는 모든 생각은, 그 광장(마음)에서 텐트를 치고 임시 기거하다, 마음의 결정에 따라 밖으로 밀려나거나, 그 마음 안에서 둥지를 틀고 오랜 세월 동안 거주하며, 그의 주인 행세를 하며 지배하려고 한다. 이처럼 생각은 마음의 결정에 영향력을 행사하고, 그 지체는 마음의 결정에 따라 말하고 행동하게 된다.

당신 마음 안(영:심령, 양심)에 계신 성령께서는, 당신의 영(심령, 양심)을 새롭게 하심으로 변화를 받게 해서, 당신이 지금까지 세상적으로 보고 듣고 생각한 것과는 다르게, 믿음으로 보고 듣고 생각하게 하신다. 이로 말미암아 당신은, 하나님의 뜻을 따라 믿음으로 생각하고 말하고 행하게 되고, 또 주께서 하신 말씀에 믿음으로 순종하게 된다.

당신이 성령의 인도하심을 받고 있다면, 당신은 새롭게 변화된 하나님의 자녀이며 그의 후사다. 이는 당신(옛사람)의 죽은 영(하나님을 거부하는 영)이, 산 영(하나님과 교제할 수 있는 영:영적인 존재)으로 새롭게 거듭난 것이며, 멸망과 사망의 어둡고 음침한 골짜기에서 방황하던 비참한 옛사람(죄인)이, 죄 사함을 얻고 의인이 되어 복음의 밝은 빛으로 나온 것이다.

하나님께서는, 온갖 추악한 죄로 얼룩진 당신(옛사람) 마음에 성령을 두시고, 그 모든 죄를 사하시고 "의롭다" 하셨다. 이로 말미암아 당신의 영(속 마음:심령)은, 정결한 마음으로 새롭게 창조되었을 뿐 아니라, 정직한 심령으로 새롭게 된 것이다(시51:10). 그러므로 당신이 그리스도 예수 안에 있으면, 당신의 영(하나님께 대하여 죽은 영)이, 한 단계 업그레이드된 것이 아니라, 온전히 새롭게 창조된 새로운 피조물(새 인생)이 된 것이다.

옛사람(죄인)의 굳은 마음이 새롭게 변화된 증거

당신이 새롭게 변화되면 그에 따라 말과 행동도 변화된다. 이는 당신 생각이 변화되었기 때문에 일어나는 현상이다. 당신이 옛사람이었을 때는, 육신의 일을 생각하며 육신의 욕망을 이루기 위해, 육신의 말과 행동을 했으나, 옛사람의 굳은 마음이 부드러운 새마음으로 새롭게 변화된 후로는, 먼저 하나님 일을 생각하고, 그 나라를 위한 믿음의 생각과 말과 행동을 하게 된다.

옛사람(죄인)의 굳은 마음이, 부드러운 새 마음으로 새롭게 변화된 증거는, **첫째 신앙 신분의 변화다.**

하나님을 믿지 않는 자는, 하나님을 거짓말하는 자로 만든다. 이는 그가 하나님께서, 그 아들에 관하여 증거한 말을 믿지 않기 때문이다. 그러나 그 아들을 믿는 당신 안에는, 그리스도 예수가 하나님 아들이라는 증거(믿음)가 있다. 이는 하나님께서 그 아들에게 주신 영원한 생명이, 그 아들을 믿는 당신 안에도 있기 때문이다. 그러므로 그 아들을 믿는 당신에게는, 하나님께서 그 아들에게 주신 영원한 생명이 당신에게도 있다. 그러나 그 아들을 믿지 않는 자에게는 그 생명이 없다.

> 요일5:11] 또 증거는 이것이니 하나님이 우리에게 영생을 주신 것과 이 생명이 그의 아들 안에 있는 그것이니라 12] 아들이 있는 자에게는 생명이 있고 하나님의 아들이 없는 자에게는 생명이 없느니라(고후5:4, 엡1:13, 4:30)

당신의 신앙 신분(영)이 변화되었다는 것은, 죄로 인해 죽을 옛사람(죄인)의 영(하나님을 모르는 영)이, 회개하여 죄 사함을 얻고 하나님께 "의롭다" 하심을 얻음으로, 영원히 죽지 않는 새사람의 새 영(하나님과 화목한 영)으로 새롭게 거듭난 것이다. 이는 율법의 행위가 아닌 그리스도 예수를 믿음으로 된 것이다(롬3:22~25, 28). 만일 이것이 율법의 행위로 되는 것이라면, 그리스도께서 헛되이 죽은 것이다(갈2:21).

요5:25] 진실로 진실로 너희에게 이르노니 죽은 자들이 하나님의 아들의 음성을 들을 때가 오나니 곧 이때라 듣는 자는 살아나리라 26] 아버지께서 자기 속에 생명이 있음같이 아들에게도 생명을 주어 그 속에 있게 하셨고 27] 또 인자됨을 인하여 심판하는 권세를 주셨느니라

사람은 누구나 한번 죽은 후 반드시 부활한다. 이 세상에서 믿음으로 산 사람은 영생을 위해 부활하고, 믿음으로 살지 않은 자는 영원한 멸망의 심판을 받기 위해 부활한다(요5:24~30). 죽은 자가 무덤에서 주님의 음성을 듣고 부활하는 것은, 멸망의 심판을 받지 않고, 사망에서 영원한 생명으로 옮겨진 것이다. 하나님 나라의 유업은, 주 예수그리스도와 그를 보내신 하나님을 믿는 순간, 이미 보증된 것이다. 신앙 신분이 변화되었다는 것은, 새것 즉 새로운 피조물(사람의 영)이 된 것으로, 하나님의 거룩하신 능력으로, 그리스도를 죽은 자 가운데서 살리신 것같이, 육체로 태어난 옛사람(죄인)에게 하나님의 영원하신 새 생명을 주셔서, 새사람으로 살게 하신 것이다. 이는 혈통으로나 육정으로나 사람의 뜻으로 나서, 멸망해야 할 사람의 자녀가, 영원히 죽지 않을 하나님 자녀가 되었다는 의미다.

둘째 옛사람(죄인)의 굳은 마음이, 부드러운 새 마음으로 새롭게 **변화된 증거는, 성령의 인도하심에 믿음으로 순종함이다.**

자녀라면 누구든지 자기 아버지의 말과 가르침을 따르며, 아버지를 부를 때, "아빠"라고 소리 내어 부른다. 이로 말미암아 그를 미워하고 공격하던 그 주변의 모든 사람(악한 세력)은, 그가 그 아버지(하나님)의 자녀임을 알게 된다. 자녀는 아버지의 보호와 인도함을 받으며 성장하는 것처럼, 하나님 자녀인 당신은, 하나님의 영(성령)으로 인도함을 받으며 열매 맺는다. 그래서 하나님께서는 구원 얻은 당신을, 고아와 같이 버려두지 않고, 항상 하나님 아버지 뜻대로 생각하고 말하고 행하도록 성령으로 인도하신다. 그렇지 않으면 마귀를 따라 육신대로 살면서 죄의 종노릇 하다가, 영원한 사망으로 멸망하게 될 것이기 때문이다.

롬8:13] 너희가 육신대로 살면 반드시 죽을 것이로되 영으로써 몸의 행실을 죽이면 살리니 14] 무릇 하나님의 영으로 인도함을 받는 그들은 곧 하나님의 아들이라 15] 너희는 다시 무서워하는 종의 영을 받지 아니하였고 양자의 영을 받았으므로 아바 아버지라 부르짖느니라 16] 성령이 친히 우리 영으로 더불어 우리가 하나님의 자녀인 것을 증거 하시나니

성령께서는 구원 얻은 당신의 영(심령:양심, 마음 중심)에 감동을 주셔서, 하나님 뜻대로 살아가도록 인도하시고 도우신다. 당신이 만일 성령의 인도하심을 받는다면, 당신의 마음은 새롭게 변화되어, 당신 자신만을 위해 살지 않고, 당신 대신 죽은 그리스도 예수를

위해 살려고 할 것이다(고후5:15). 이는 성령께서 당신의 영을, 하나님 말씀으로 감화시켜 감동하게 하시고, 성령께 감화된(생각의 변화) 당신의 영은, 당신 마음의 생각에 영향을 끼쳐, 새롭게 변화되게 하셨기 때문이다.

그러므로 당신의 생각이 바뀌면 당신 마음이 변화되고, 따라서 당신의 말과 행동도 변화된다. 결국 당신의 생각이 바뀌면, 당신의 삶의 모습(삶의 목적과 가치관)도 바뀌게 된다. 그래서 당신이 옛사람이었을 때는, 세상 자랑이 삶의 목적과 가치관이었지만, 새사람이 된 후로는, 하나님 나라의 일이 당신의 삶의 목적과 가치관으로 바뀐다. 이로 말미암아 세상 것만 자랑하던 당신이, 하늘나라 일을 자랑하는 새사람으로 변화된다. 그러므로 당신의 삶을 바꾸려면, 성령의 인도하심에 믿음으로 순종해서, 굳은 마음을 부드러운 새 마음으로, 새롭게 변화 받아야 한다. 그러기 위해서는 먼저 당신의 생각을 바꿔야 한다.

✝ **묵상 가이드**

1. 당신 마음 안에 있는 생각은 당신에게 어떤 영향을 줍니까? (민 33:50~56, 겔36:25~27)

2. 당신 안에는 그리스도의 영이 있습니까? 그렇다면 그 증거는 무엇입니까? (롬8:8~13)

열매로 안다

제6장 ─────────────

회개에 합당한
열매를 위한 영적 예배

성도가 하나님께 마땅히 드려야 하는 예배는, 그 몸을 하나님이 기뻐하시는 거룩한 산 제사(영적 예배)로 드리는 것이다. 이는 성령의 인도하심에 믿음으로 순종하는, 신령과 진정의 영적 예배로, 오직 마음을 새롭게 함으로 변화를 받아서, 하나님이 원하시는 회개에 합당한 열매를 맺는 신앙생활이다. 하나님께서는 이렇게 예배하는 자들을 찾으신다,

신령과 진정의
참 예배(산 제사)

하나님은 영이시므로 예배하는 자가, 성령의 감동과 진실함으로 예배(산 제사)해야 한다. 이는 일상생활에서 몸으로 실천하는 신앙의 열매로, 하나님께서 기뻐 받으시는 거룩한 영적 예배다.

> 요4:23] 아버지께 참으로 예배하는 자들은 신령과 진정으로 예배할 때가 오나니 곧 이때라 아버지께서는 이렇게 자기에게 예배하는 자들을 찾으시느니라 24] 하나님은 영이시니 예배하는 자가 신령과 진정으로 예배할지니라

구약의 속죄 제사에서 여호와께 예물을 바치는 사람은, 먼저 여호와 앞 회막문에서 번제물의 머리에 안수하므로, 그의 죄는 번제물에 전가되고, 여호와께서는 그의 죄를 용서하시고, 그 제물을 기쁘시게 받으셨다. 예물을 드리는 자는 여호와 앞에서 제물을 잡고, 제사장은 그 피를 회막문 앞 번제단 사면에 뿌렸다. 제물을 바치는 사람은 제물의 가죽을 벗겨 살과 뼈를 분리하고, 그 내장과 정강이는 물로 깨끗이 씻어 제사장에게 주고, 제사장은 그 전부를

열매로 안다

단위에서 불살라 번제로 드렸다. 이는 여호와 하나님께 향기로운 냄새로 드리는 화제(火祭)다.

하나님께 제물을 바치는 사람이, 회막문 앞에서 제물에 안수하는 것은, 오늘날 예배자가 하나님 아들 예수그리스도께서, 자신의 죄를 대신 짊어지셨음을 믿는 신앙고백이며, 제사장이 제물의 피를 단 사면에 뿌리는 것은, 예수그리스도께서 예배자의 죄를 대신해서 십자가에 피 흘려 죽음을 상징한다. 이에 대한 믿음은 예수그리스도와 합하여 세례받음(대 속의 믿음)이다. 그리고 희생제물의 가죽을 벗겨 살과 뼈를 분리해서, 추려낸 뼈와 머리와 기름을 단위의 불 위에서, 그 내장과 정강이를 함께 불살라, 여호와 하나님께 향기로운 냄새(부활)로 드리는 것은, 오늘날 예배자가 형식적이고 이중적인 자아를 모두 벗어버리고, 일상의 삶에서 그리스도 예수의 향기를 풍기는 믿음의 삶(부활 신앙), 즉 몸으로 실천하는 신앙생활인 산 제사를 의미한다.

> 레1:9] 그 내장과 정갱이를 물로 씻을 것이요 제사장은 그 전부를 단 위에 불살라 번제를 삼을찌니 이는 화제라 여호와께 향기로운 냄새니라

기름이 없는 것을 태우면 불쾌한 냄새만 나는 것처럼, 믿음 없는 종교 생활은, 하나님께서 받으실 향기로운 냄새(믿음)가 없다. 하나님께서는 사람이 드리는 예물을 받으시는 것이 아니고, 그 예물에

담겨 있는 사람의 믿음을 보시기 때문이다. **제물을 태우는 기름 냄새가, 여호와 하나님께 향기로운 냄새**(열매)**가 되는 것처럼, 당신 마음속에 믿고 있는 예수그리스도에 대한 그 믿음을, 삶의 현장에서 몸으로 살아내는 신앙생활**(산 제사:실 천)**이, 하나님께 향기로운 냄새**(열매)**가 된다.** 하나님께서 당신을 구원해 주신 은혜를 생각할 때, 몸을 그에게 산 제사(삶에서의 예수 향기)로 드리는 것은, 전혀 무리한 요구가 아니다.

산 제사는 하나님이 주신 은사(고전12:8~11)에 합당하게, 교회와 이웃을 섬기는 삶의 자세다(롬12:3~8). 믿음이 강한 사람은 믿음이 약한 형제를 비판하지 말고, 사랑으로 이끌고 섬기며 우애 있게 지내고, 존경받으려 하지 말고 먼저 겸손히 존중하고, 공동체에서 모든 사람으로 더불어 화평하고, 악을 오히려 선으로 갚는 것이다(롬12:4~21). 또한 국가권력과 사회제도와 사회 질서에 순응하는 것이다(롬13:1~7). 이는 죄악이 만연한 이 악한 세대에서, 하나님의 공의와 정의와 공평을 실현하는 하나님의 방법이기 때문이다. 이처럼 몸을 산 제사로 드리는 것은, 교회 안에서나 교회 밖의 일상의 삶에서나, 하나님께 예배를 드리듯 살아가는, 믿음의 삶(생각, 말, 행동)을 의미한다.

영적 예배를 위한
하나님의 선하신 뜻

하나님께서는 창세 전에 예비하신 대로, 자기가 손수 지으신 사람에게 찬송과 영광을 받기 위해서(사43:7, 21), 그 아들을 죄인을 위한 화목의 희생제물이 되게 하심으로, 그를 믿고 회개하는 사람을, 모든 불법에서 구속하시고 깨끗하게 하시어, 영혼 구원(선한 일)에 열심을 내는, 그의 자녀가 되게 하셨다(딛2:14). 이처럼 **하나님의 선하신 뜻은 죽어가는 영혼을 구원하는 일로서, 하나님 아버지께서 창세 전에 계획하신 크고 비밀스러운 일이다. 그러므로 당신이 몸을 하나님께 거룩한 산 제사**(참 예배:신앙생활)**로 드리는 것은, 하나님의 선하신 뜻을 이루는 일이다.**

엡2:10] 우리는 그의 만드신 바라 그리스도 예수 안에서 선한 일을 위하여 지으심을 받은 자니 이 일은 하나님이 전에 예비하사 우리로 그 가운데서 행하게 하려 하심이니라

옛사람(죄인)이던 당신은, 하나님 은혜로 "의롭다" 하심을 얻음으로, 영생의 소망을 갖게 되었고 그의 후사가 되었다. 이는 하나님

아버지께서 그 아들을 믿는 당신에게, 하나님의 선한 일(영혼 구원)에 힘쓰게 하려는 것이다(딛3:7~9). 성경은 당신의 이러한 모습(증인)이 "아름다우며, 사람들에게 매우 유익한 것"이라고 말씀하신다. 그러므로 하나님의 선한 일(영혼 구원)을 제쳐두고, 쓸데없는 세상 자랑이나 족보나 이론이나 욕망이나 이념, 사상, 율법 등으로 어리석은 논쟁을 하며 분쟁하고 다투는 것은, 아무 가치도 없는 무익하고 헛된 일이다.

영혼을 구원하는 일은 대신 죽고 부활하신, 예수그리스도를 위해 사는 것이다(갈2:19~25).

한 사람이 모든 사람을 대신해서 죽었다는 것은, 그 한 사람이 죽지 않으면, 다른 모든 사람이 죽어야 한다는 의미다. 그러므로 예수그리스도께서 모든 사람을 대신해서 죽은 것은, 살아 있는 모든 사람이 자기 자신만을 위하여 살지 않고, 대신 죽었다가 다시 사신, 그리스도 예수를 위하여 살게 하려는 것이다.

고후5:14] 그리스도의 사랑이 우리를 강권하시는 도다 우리가 생각건대 한 사람이 모든 사람을 대신하여 죽었은 즉 모든 사람이 죽은 것이라 15] 저가 모든 사람을 대신하여 죽으심은 산 자들로 하여금 다시는 저희 자신을 위하여 살지 않고 오직 저희를 대신하여 죽었다가 다시 사신 자를 위하여 살게 하려 함이니라

열매로 안다

만일 당신이 그리스도 예수를, 당신 인생에 참 주인으로 영접하지도 않은 채, 그리스도의 이름을 빙자하여, 당신의 유익이나 세상 자랑거리를 챙기려 한다면, 이는 하나님 자녀로 거듭나지 않았기 때문이다. 교회 공동체의 어떤 이들은 구원받았다고 자랑하고 간증하면서도, 그리스도의 고난(영혼 구원)에 동참하는 것을 외면하는, 이중적 자세를 취하는 경우가 종종 있다. 당신이 고난당할 때, 당신의 그 고난에 동참해 주는 그 사람이, 당신을 진정으로 사랑하는 친구인 것처럼, 예수님의 고난에 기쁨으로 동참하는 사람이, 예수님을 진정으로 사랑하는 예수님의 친구이며, 그를 위해 사는 것이다.

당신이 만일 당신의 죄를 위해, 당신 대신 십자가에서 죽은 예수그리스도를, 삶에 주인으로 영접하지 않고, 율법과 도덕과 세상 죄를 뉘우치는 것으로는 구원 얻지 못한다. 구원은 예수그리스도의 피를 믿음으로 말미암는 것(예수 이름 세례)이기 때문이다. 그러므로 예수그리스도의 피를 의지하지 않은 회개는, 참된 회개가 아니므로, 하나님 영광보다 먼저 자신의 유익을 위해(자기 뜻대로), 예수 이름을 빙자해서 세상 복(자랑, 명예, 재물 등)을 구하게 되므로, 회개에 합당한 열매를 맺지 못하는 원인이 된다. 참된 회개는 죄를 인식하는 것이 아니고, 대신 죽은 예수그리스도를 믿고(영접:예수 이름 세례) 죄 사함을 얻는 것이기 때문이다. 이는 이타적이어서 자기 것보다 먼저, 하나님 나라(영혼 구원)와 그의 의(죄 사함)를 구하게 된다.

그러므로 하나님께서 당신의 죄를 사하시고, 성령을 주셔서 새로운 피조물이 되게 하심은, 지금까지 당신 자신만 위해 살던 것을 버리고, 이제는 당신을 위해 대신 죽었다가 다시 사신, 그리스도 예수를 위해 살게 하려는 것이다(고후5:15). 이는 당신이 많은 율법을 다 지켜 구원 얻는 것은 불가능한 것임을 깨닫고, 오직 예수그리스도의 피를 믿음으로 말미암는, 하나님의 구원하시는 은혜를 따랐기 때문이다. 그래서 당신을 사랑해서 당신을 위해, 자기 몸을 버리신(십자가 지심) 예수님처럼, 당신도 예수님을 사랑해서 그를 위해 당신의 십자가를 지고(이기적인 삶의 포기), 하나님의 아들을 믿는 믿음으로 살아야 한다(갈2:19~20).

탕자(죄인)가 아들의 신분을 포기하고, 품 군중의 하나로 돌아온 것처럼, 만일 당신이 옛사람(죄인)의 삶을 포기하고, 죄를 회개하여 예수그리스도 이름으로 세례를 받았다면, 당신은 영으로서 몸(옛사람의 가치관과 목적)의 행실을 버리고, 대신 죽은 그리스도 예수를 위해 살겠다는 신앙을 결단한 것이다.

대신 죽은 자를 위해 사는 것은, 그리스도 예수를 대신한 사신이 되어, 복음에 빚진 자로 사는 것이다(롬8:12).

당신이 만일 그리스도 예수께서 당신 대신 죽은 것을 믿으면, 당신은 새로운 피조물이 된 것이므로, 지금까지 살아온 당신의 옛사람(죄인)은, 죽은 것이라는 사실을 믿는 것이다.

고후5:17] 그런즉 누구든지 그리스도 안에 있으면 새로운 피조물이라 이전 것은 지나갔으니 보라 새것이 되었도다 18] 모든 것이 하나님께로 났나니 저가 그리스도로 말미암아 우리를 자기와 화목하게 하시고 또 우리에게 화목하게 하는 직책을 주셨으니 19] 이는 하나님께서 그리스도 안에 계시사 세상을 자기와 화목하게 하시며 저희의 죄를 저희에게 돌리지 아니하시고 화목하게 하는 말씀을 우리에게 부탁하셨느니라

당신이 거듭나기 전 옛사람이었을 때는, 그리스도와 그를 믿는 그리스도인들을, 과거 당신과 같은 존재(옛사람)로 생각하고, 눈에 보이는 외모로만 그들을 평가했을 것이다. 그러나 당신이 그리스도 예수를 믿고 새로운 피조물이 된 후로는, 그리스도는 물론 구원 얻은 모든 사람과 당신 자신을, 더 이상 옛사람이었던 이전의 당신과 같은 존재(인간)로 평가하지는 않을 것이다. 왜냐하면 그리스도가 비록 당신과 같은 형체(육체)로, 세상 사람들에게 오셔서 함께 계셨지만, 세상 사람과 같은 그런 존재가 아니고, 태초부터 하나님과 함께 계셨던 말씀이신 하나님이시며, 그가 우주 만물의 모든 것을 지으셨음을 믿게 되었기 때문이다.

당신이 세상을 창조하신 그리스도를 믿고 거듭남으로, 이전에 옛사람(목적과 가치관)의 흔적은 다 지나가고, 이제는 그를 믿음으로 완전히 새로운 인생이 시작되었다. 그래서 당신은 새 일(영혼 구원)을 하게 되었다. 이 새로운 일(영혼 구원)은 하나님께서, 그리스도 예수로 말미암아 행하신 일인데, 옛사람(죄인)이었던 당신을 하나님

과 화목하게 하셨을 뿐만 아니라 당신에게도 세상 사람들을 하나
님과 화목하게 하는, 새로운 일(영혼 구원·증인)에 대한 직책을 주신
것이다.

　이는 그리스도로 말미암아 하나님께서, 모든 사람의 죄를 그들
에게 묻지 않고 하나님과 화목하게 하시고, 또 당신에게는 화목하
게 하는 말씀을 부탁하신 것이다. 그러므로 구원 얻은 그의 자녀
인 당신은, 그리스도를 대신한 사신이 되어, 하나님과 화목하는 말
씀을 세상에 전해야 한다. 왜냐하면 하나님께서 죄를 알지도 못하
신 그 아들 예수그리스도에게, 당신이 지은 죄의 대가를 대신 치르
게 하신 것같이, 구원 얻는 모든 사람에게 그리스도 예수 안에서,
하나님의 의를 나타내시려는 것이기 때문이다.

　하나님께서는 예수그리스도의 피로 말미암는, 구원의 복된 말씀
으로, 당신을 율법의 죄에서 구원하셨다. 이는 당신이 다른 사람에
게 구원의 말씀을 듣고, 그리스도 예수 안에서 새로운 피조물이
된 것이다. 그러므로 당신도 세상 사람들에게 이 말씀을 널리 전
해서, 그들도 당신과 같이 구원 얻게 하려는 것이 하나님 사랑이
다. 하나님께서는 이를 위해 당신을 죄에서 구원해서 후사로 삼으
시고, 그리스도를 대신한 증인의 사명을 주셨다.

　그러므로 당신은 하나님께서 맡겨 주신 구원의 복음을, 이웃에
게 전해야 할 사명이 있다. 이는 그리스도를 대신한 직책을 주신
것이므로, 믿지 않는 사람을 하나님과 화목하게 하는, 그리스도의
사신(고후5:17~21)으로서 복음에 빚진 자(증인)로 사는 것이다(롬

8:12). 옛사람(죄인)의 죽은 생명을 구원하시는 영생의 복음은, 그리스도 예수께서 모든 사람을 대신해서, 십자가에서 피 흘려 죽은 것과 부활하심을 믿음으로, 하나님 자녀가 되게 하시는 은혜이기 때문이다.

예수님은 십자가에 달리시기 직전, 마지막 유월절 저녁 식사에서 제자들에게 떡과 포도주를 주시면서, 이는 내 살(속죄의 죽음)과 피(영생 부활)라고 하시면서, 먹고 마시라고 하셨다. 사도바울은 고전11:26에서, "너희가 이 떡을 먹으며 이 잔을 마실 때마다, 주님 다시 오실 때까지 주의 죽음과 부활을 전하라"고 하셨다. 그러므로 그리스도가 당신 죄를 대신해서 죽고, 다시 살아나신 하나님 아들이심을 믿는다면, 당신은 세상 자랑을 찾아 바쁘게 돌아다닐 겨를이 없다. 왜냐하면 오직 하나님께 진 복음의 빚을 갚아야 하는 인생이 되었기 때문이다.

복음에 빚진 자(예수증인)로 사는 것은, 세상을 밝히는 생명의 빛으로 사는 것이다.

당신이 회개하고 거듭나기 전에는, 사망의 음침한 골짜기에서 길을 잃고 방황했었다. 그러나 그리스도 예수를 만나서, 그를 인생의 새 주인으로 영접함으로, 하나님 자녀가 되어 성령을 받고, 그의 인도하심에 믿음으로 순종해서, 어두운 세상을 밝히는 빛의 자녀가 되어, 하나님을 기쁘시게 하는 후사가 되었다.

엡5:8] 너희가 전에는 어두움이더니 이제는 주 안에서 빛이라 빛의 자녀들처럼 행하라 9] 빛의 열매는 모든 착함과 의로움과 진실함에 있느니라 10] 주께 기쁘시게 할 것이 무엇인가 시험하여 보라 11] 너희는 열매 없는 어두움의 일에 참예하지 말고 도리어 책망하라… 14] 그러므로 이르시기를 잠자는 자여 깨어서 죽은 자들 가운데서 일어나라 그리스도께서 네게 비취시리라 하셨느니라(마5:14~16)

빛은 높은 데서 낮은 곳의 어두움을 비춘다. 빛이 어두움을 밝히면 어두움에 속한 것들이 밝게 드러나고, 이때 드러나는 것들은 다 빛이 된다. 그러므로 잠에서 깨어나듯 일어나 빛을 발해야 한다. 이를 위해 주께서 구원 얻은 당신에게, 성령으로 세례를 주시고 권능을 주셔서, 어두운 세상을 밝히는 빛이 되게 하셨기 때문이다. 하나님께서 당신에게 성령으로 주신 권능은, 메마른 골짜기와 황량한 광야에, 생명수가 강같이 흐르는 것과 같은 능력이다. 이 능력은 당신이 세상에 나가 생명의 말씀을 전할 때, 하나님의 영광이 그들 위에 임하게 하고, 죄악으로 죽어가는 영혼이 살아나게 한다.

사61:1] 주 여호와의 신이 내게 임하셨으니 이는 여호와께서 내게 기름을 부으사 가난한 자에게 아름다운 소식을 전하게 하려 하심이라 나를 보내사 마음이 상한 자를 고치며 포로된

자에게 자유를, 갇힌 자에게 놓임을 전파하며 2] 여호와의 은
혜의 해와 우리 하나님의 신원의 날을 전파하여 모든 슬픈 자
를 위로하되

　하나님께서는 복음에 빚을 진 당신에게, 세상에 생명의 빛을 발
하게 하셨다. 이는 수고하고 무거운 짐을 진 사람(목마른 사람:죄인)
들에게, 주 예수그리스도의 구원의 기쁜 소식을 전하게 하려는 것
이다. 이를 위해 주께서 당신을 세상에 보내서, 몸과 마음이 상한
사람을 고치며, 포로 된 사람에게 자유를, 갇힌 사람에게 놓임을
선포하게 하셔서, 여호와 하나님께서 모든 슬퍼하는 사람들에게,
구원해 주시는 때와 원수 갚아 주시는 날(심판 날)을 선포하여, 그
들을 위로하게 하려는 것이다. 포로 되고 갇힌 자들 위에 비추는
생명(구원의 말씀)의 빛(복음)은, 괴로움과 슬픔이 변하여 희락이 되
고, 찬송이 근심을 대신하며, 하나님 영광(구원)이 그들 위에 나타
나게 하실 것이다. 깊은 웅덩이와 수렁서 허우적대는 사람에게는
새 힘을 주시고, 반석 위에 굳게 서게 하실 것이다. 당신의 착한 행
실(성령께 순종하는 증인의 사역)이, 죄악으로 어두워져 가는 세상을
밝히는 빛(열매)이 되는 것은, 율법과 도덕에 의한 선행이 아니라,
어두운 세상에서 역사하는 죄악(사단)의 세력을, 물리치는 성령의
능력이다.
　죄로 어두워진 세상을 복음의 빛으로 밝히려면, 성령으로 충만
해야 한다. 등에 기름이 없으면 불을 밝힐 수 없는 것처럼, 당신이

비록 구원 얻었을지라도 성령으로 충만하지 않으면, 당신 스스로는 세상을 밝히는 빛이 될 수 없다. 어두운 세상을 밝히는 밝은 빛은, 사람의 의지나 능력으로 되지 않고, 오직 하나님께서 주시는 성령의 능력으로만 되기 때문이다. 그러므로 예수님께서 "너희는 세상을 비추는 빛이다" 하신 말씀은, 교회 구성원 모두가 세상에 빛이라는 의미가 아니고, 빛을 발하기 위해 준비된 성령(기름)으로 충만한 사람(증인)을 말씀하심이다.

등에 담긴 기름이 어두움을 밝히는 빛을 발하게 하는 것처럼, 당신(등) 안에 성령이 충만(기름)할 때, 성령께서는 당신에게서 생명의 빛이 발하도록 역사하신다. 그러므로 어두운 세상을 밝히는 빛의 자녀(불을 밝히는 등)가 된 당신은, 열매 없는 어두움의 일에 참견하거나 동조하지 말고, 도리어 그들을 믿음으로 권면(전도)해서, 밝은 빛 가운데로 인도해야 한다. 사람들이 은밀히 행하는 것들은 대체적으로, 어두움에 속한 일이기 때문이다.

빛을 발하는 것은 성령께서 당신의 삶과 사역의 현장에서, 하나님의 권능(은사)을 나타내 주시는 것이다. 그러므로 성령께서 당신을 인도하실 때 믿음으로 순종해야 한다. 이때 주께서 함께 역사하시어 표적을 나타내 주심으로, 당신이 전하는 복음을 확실하게 증거해 주신다(막16:15~20). 당신을 통해서 비춰주는 복음의 밝은 빛(생명의 말씀)은, 사망의 음침한 골짜기에서 길을 잃고 방황하는 사람들을, 바른길로 인도할 것이며, 이로 말미암아 그들도 당신처럼 하나님을 발견하고, 어두운 세상을 비추는 또 하나의 밝은 빛이 될 것이다. 이는 당신이 하나님께 영광이 되는 회개에 합당한 열매를 맺는 것이다.

기름을 미리 준비해서 불을 밝힌 지혜로운 다섯 처녀가, 밤중에 온 신랑을 맞이할 수 있었던 것처럼, 성령으로 충만해야 죄악으로 어두워져 가는 세상에, 복음의 밝은 빛을 비추어 열매를 맺게 할 수 있고, 이는 곧 언제 다시 오실지 모르는 주님을 예비하는 것이다. 어두운 세상을 밝히는 빛의 열매는, 하나님께서 기뻐하시는 당신의 모든 착함(믿음)과 의로움(구원)과 진실함(성령께 믿음으로 순종)에 있다. 그러므로 주님을 기쁘시게 하는 당신의 모든 사역(말과 행동)은, 하나님 아버지께 영광이 된다. 이는 당신이 성령께 믿음으로 순종함으로 된다.

영적 예배를 위한
하나님이 기뻐하시는 뜻

굶주린 사람은 먼저 먹을 것을 생각하고, 추위에 떠는 사람은 따뜻한 곳을 먼저 생각하는 것처럼, 육신에 속한 사람은 먼저 세상 자랑거리를 찾는다. 그러나 **하나님께 속한 사람은 먼저 영의 일을 생각하고, 하나님이 기뻐하시는 뜻을 찾는다. 이는 그가 몸을 거룩한 산 제사**(참 예배:신앙생활)**로 드리는 것이다.**

롬8:5] 육신을 좇는 자는 육신의 일을, 영을 좇는 자는 영의 일을 생각하나니 6] 육신의 생각은 사망이요 영의 생각은 생명과 평안이니라 7] 육신의 생각은 하나님과 원수가 되나니 이는 하나님의 법에 굴복치 아니할 뿐 아니라 할 수도 없음이라 8] 육신에 있는 자들은 하나님을 기쁘시게 할 수 없느니라

하나님이 기뻐하시는 뜻은, 먼저 영의 일(하나님의 일)**을 생각하는 것이다.**

육신을 좇는 사람은 자신의 욕망을 이루려고, 성령께 순종하지 않을 뿐만 아니라 할 수도 없어서, 하나님과 원수 되는 일만 하므

열매로 안다

로, 하나님을 기쁘시게 할 수 없다. 이는 그 마음에 그리스도의 영(성령)이 없기 때문이다. 그러나 회개하여 거듭나면 성령께서, 그를 하나님 뜻대로 인도하심으로, 먼저 영의 일(영혼 구원)을 생각하게 하고, 하나님이 기뻐하시는 것을 하게 하신다.

탕자가 아들의 신분과 권리를 포기하고 품 군으로 돌아온 것처럼, 당신이 회개하고 예수 이름으로 세례받음은, 당신의 모든 것(세상 것:삶)을 하나님께 위탁한 것이다. 하나님께서는 당신의 이 믿음을 보시고, 당신의 죄를 용서하시고 "의롭다" 하시며 성령을 선물로 주신다. 그래서 거듭난 당신은 육신의 생각(세상 생각)을 버리고, 먼저 영의 일을 생각하고 회개에 합당한 열매를 맺어 하나님을 기쁘시게 하게 된다. 이는 하나님 아버지께서 회개하고 구원 얻은, 그의 자녀들 누구에게나 성령을 주셔서, 성령의 인도하심을 받게 하셨기 때문이다.

영의 일을 먼저 생각하는 것은, 먼저 그의 나라와 의를 구하는 것이다.

어버이는 자식에게 무엇이 필요한지를 다 알고 계신 것처럼, 하나님 아버지께서는, 그의 자녀인 당신이 세상 것을 구하기 전에, 이미 당신에게 필요한 것이 무엇인지를 다 알고 계신다.

마6:31] 그러므로 염려하여 이르기를 무엇을 먹을까 무엇을 마실까 무엇을 입을까(재물에 대한 염려) 하지 말라 32] 이는 다 이방인들이 구하는 것이라 너희 천부께서 이 모든 것이 너희에게 있어야 할 줄을 아시느니라 33] 너희는 먼저 그의 나라와 그의 의를 구하라 그리하면 이 모든 것을 너희에게 더하시리라 34] 그러므로 내일 일을 위하여 염려하지 말라 내일 일은 내일 염려할 것이요 한 날 괴로움은 그날에 족하니라

예수님은 기도할 때 믿지 않는 사람들이 보채는 것처럼, 세상에서 필요한 것들을 구하기 위해 중언부언하지 말라고 하셨다. 또 금식할 때는 사람들에게 소문을 내려고, 얼굴에 슬픈 기색을 하거나 머리를 헝클어지게 해서, 금식하는 티를 내지 말고, 몸을 단정하게 하고 얼굴을 밝게 하라고 하셨다. 그리고 평소와 다름없이 활동하며, 어려운 이웃을 돌아보고, 믿는 자로서 마땅히 해야 할 일들을 하라고 하셨다. 금식은 자신을 낮추며 하나님의 뜻을 구하기 위해 하는 것이기 때문에, 사람을 의식하지 말고 오직 하나님만 아시게 해야 하기 때문이다.

사람들이 이 땅에서 가장 소중하게 여기는 것 중 하나는 물질이다. 그래서 성경은 "물질이 있는 곳에 그 마음도 있다"고 하셨다. 구원 얻은 당신이 먼저 구해야 할 것은, 이 땅에서 먹고 마시고 입는 것이 아닌, 하나님의 나라(영생)와 그의 의(영혼 구원)를 구하는 것이다. 삶의 목적과 가치관이 이 땅에 있는 사람은 이 땅에서 천년만년 즐겁고 편하게 먹고 마시고 입으려고, 이 땅에 많은 물질을 쌓아 두려고 하지만, 그러나 먼저 그의 나라와 의를 구하는 당신

은, 세상이 가장 귀하게 생각하는 물질을, 그의 나라(영생)와 그의 의(영혼 구원)를 위해 사용하는 것이다.

그러므로 목숨을 위해서 무엇을 먹을까 무엇을 마실까, 몸을 위해 무엇을 입을까를 염려할 필요가 없다. 하나님 아버지께서는 당신의 목숨이 음식보다 더 중하며, 당신의 몸이 의복보다 더 중요한 것을 아시기 때문이다. 공중을 날아다니는 새는 먹을 것을 심거나 거두지 않고, 창고에 모아들이지도 않지만, 하나님 아버지께서 굶어 죽거나 얼어 죽지 않도록, 자연을 창조하시고 조성해 놓으셨다. 하물며 당신은 새에 비할 바가 아니다.

하나님께서는 그의 자녀인 당신에게, 무엇이 필요한지를 아시기 때문에, 필요한 것을 필요한 때에 필요한 만큼 공급해 주시겠다고 하셨다. 그러므로 내일 일을 위하여 미리 염려하지 말고, 그 시간에 아버지의 나라와 의를 구해야 한다(마6:1~34). 세상 나라는 먹는 것과, 마시는 것과, 입는 것을 위한 탐욕에 취해서, 미움과 갈등과 중오로 죄악에 빠져 있지만, 그러나 하나님 나라는, 세상 근심 격정과 염려를 다 하나님께 맡기고, 오직 성령 안에서 날마다 기쁨과 즐거움을 누리는 것이기 때문이다.

먼저 그 나라와 의를 구하는 것은, 자기 십자가를 지고 주를 따르는 것이다.

육신을 쫓는 사람은, 육신의 본성을 만족하게 하기 위한 일을 먼저 생각하기 때문에, 세상이 구하는 복이나 자랑거리들을 찾는다.

그들의 삶의 목적과 가치는 오직 세상에 있기 때문이다. 그들에게 는 이 세상이 삶의 전부이며 끝이다. 그들은 오직 이 세상에서만 이기는 자(자랑과 우월감)가 되려고 한다. 그러나 이 세상 것으로는, 영원히 만족을 채울 수 없는 공허함 때문에, 온갖 수단과 방법을 가리지 않고, 끊임없이 범죄 하게 된다.

그들은 탐욕을 채우기 위해, 주위의 많은 사람이 피해와 고통당 하는 것을 아랑곳하지도 않은 채, 자기가 속해 있는 이웃(사회)을 온통 어둠(죄악) 속으로 빨려 들어가게 한다. 그런데도 그 집단에 함께 속해 있는 사람들은, 여전히 죄악을 깨닫지 못하고, 자신과 속해 있는 집단의 좁고 작은 유익에 취해서, 오히려 악에 동조하는 집단행동과 변명을 일삼는다. 이는 양심(믿음)이 화인 맞음으로, 진 리가 사라져 버린 그들 마음의 빈자리(공허함)를, 불법과 거짓과 죄 악이 대신 자리 잡고 있기 때문이다. 이로 말미암아 세상은 점점 더 어지러운 아수라장이 될 것이다.

그러나 죄악으로 뒤틀리고 얼룩진 이 세상에, 한줄기 소망이 있 는 것은, 복음의 진리가 영원히 살아 숨 쉬고 있다는 사실이다. 복 음의 진리는, 양심이 화인 맞아 죄악에 빠진 채, 사망의 음침한 골 짜기에서 방황하는 목마른 영혼을, 밝은 빛 가운데로 인도하고, 멸 망의 더러운 죄악으로 얼룩진 이 세상에, 영원한 소망인 새 생명을 준다. 세상이 원하고 세상이 자랑하는 세상의 복은, 세상에 잠깐 있다 없어지는 것이지만, 영원히 없어지지 않을 영원한 복은 영원 한 나라에 있다. 이는 주를 따르기 위해 자기 십자가를 지는, 하나님의 자녀가 누릴 수 있는 특권이다.

> 마16:24] 이에 예수께서 제자들에게 이르시되 아무든지 나를 따라오려거든 자기를 부인하고 자기 십자가를 지고 나를 좇을 것이니라

당신이 십자가를 지는 것은, 당신 자신만을 위해 살던 옛사람의 삶을 버리고, 당신 대신 십자가에 달려 죽은, 예수그리스도를 위해 사는 것이다. 예수님은 제자들에게, "누구든지 나를 따라오려면 자기를 부인하고, 자기 십자가를 지고 나를 좇아야 한다"고 하시면서, "우상을 섬기는 이방인들처럼, 부귀영화의 복을 바라고 나를 따른다면, 복을 받기는커녕 오히려 하나님께서 주시는, 가장 소중한 것(영생)을 잃어버리게 될 것"이라고 하셨다.

당신이 죄인이었을 때, 예수님은 당신을 위해 자기 삶을 포기하고 십자가를 지셨다. 이는 이타적인 삶으로 주님의 참사랑이다. 당신이 십자가를 지고 주를 따르는 것은, 당신의 죄를 대신해서 죽은 그리스도 예수를 위해, 당신의 삶을 드리는 것이다. 예수님 당시도 많은 사람이, 자기 십자가를 지지 않은 채 주님을 따르려고 했다. 그러나 제자들은 예수님께서 부르셨을 때, 하나같이 하던 일을 멈추고 즉시 주님을 따라나섰다.

자기 십자가를 지고 주를 따르는 것은, 세상에 소금 되는 것

소금은 부패를 방지할 뿐만 아니라, 모든 음식을 부드럽게 하고, 맛을 내는 데 없어서는 안 되는 꼭 필요한 요소다. 그런 의미에서 세상에 소금이라는 의미는, 당신이 속해 있는 이웃 어디서든지 화목한 삶을 위하여, 소금처럼 없어서는 안 되는 사람이어야 한다는 교훈의 말씀이다. 그러나 당신이 이웃에서 있으나 마나 한 존재라면, 당신은 맛을 잃은 소금일 수도 있다.

마 5:13] 너희는 세상의 소금이니 소금이 만일 그 맛을 잃으면 무엇으로 짜게 하리요 후에는 아무 쓸데 없어 다만 밖에 버리워 사람에게 밟힐 뿐이니라

배터리가 방전된 건전지는 충전해서 다시 쓸 수 있지만, 소금은 한 번 그 맛을 잃으면 다시 짜게 할 방법이 없다. 그래서 성경은, "소금이 만일 그 맛을 잃으면, 무엇으로도 다시 짜게 할 수가 없으므로, 아무 쓸데 없어서 밖에 버려지면, 지나다니는 사람들에게 밟힐 뿐이라"고 하셨다. 이는 맛을 잃은 소금처럼, 당신이 타락하여 그리스도의 향기를 잃으면, 하늘나라에서 아무 쓸데 없는 존재이므로, 그날에 심판받게 된다는 의미다.

당신이 옛사람이었을 때는, 세상의 허망한 욕심을 따라 살면서 습득한 지식으로, 하나님의 창조 진리를 거부하는 고정관념에 사

로잡혀 있었다. 그러나 하나님께서 당신 마음에 성령을 두시고, 믿음으로 순종하게 해서 세상에 소금이 되게 하셨다. 그러므로 만일 당신이 성령을 소멸(타락)한다면, 맛을 잃은 소금처럼 다시 회복할 수 없다. 이는 죽은 옛사람의 영(하나님을 모르는 영)을 살리기 위해, 생명의 빛이신 구원의 복음으로, 한번 죄 사함을 얻고 성령을 선물(성령의 은혜와 은사 체험)로 받았을 뿐 아니라, 구원의 말씀과 장차 다시 오실 주님의 재림을 믿고 영생의 은혜를 체험한 사람이, 그 믿음(그리스도의 죽음과 부활)에서 떠나 타락하면(배도), 그는 다시 돌아설 수(회개) 없다(히6:4~6)는 의미다. 이는 모든 사람이 보는 앞에서, 대신 죽은 그리스도 예수를 또다시 모욕하고 거부하며, 십자가에 못 박는 악한 행위로, 돌이킬 수 없는 죄악이기 때문이다(히6:4~6).

그러므로 율법의 행위를 회개하여(선행) 구원 얻는 것과 하나님을 믿어야 한다는 필요성의 논쟁과 세례와 성령의 은사와 죽은 자들의 부활과 영원한 심판 등, 그리스도의 초보의 진리(교리)에만 머물러 있지 말고, 이제는 진리의 말씀에 대한 더 깊은 이해력을 키워서, 건강한 그리스도인의 품격(성숙한 신앙생활)을 갖추어야 한다. 그것은 성령 충만한 삶으로 세상에 소금이 되어, 하나님께 영광되는 회개에 합당한 열매를 맺는 것이다(히6:1~3).

예수님은 그리스도인의 가정을 비롯하여, 사회 활동무대 전반을 세상(이웃)이라고 하셨다. 예수님은 이 영역에서 당신 때문에, 그곳이 화목한 곳이 되기를 기대하신다. 이는 바로 당신을 통하여 하나님께 영광되는 일이기 때문이다. 그러나 교회 공동체의 어떤 형제들은, 세상이 아닌 교회 공동체 안에서 소금이 되려고 한다. 그러나 예수님은, "내가 교회에서 가르친 착한 행실(믿음의 행실:성령께 순종)을, 세상에 나가서 실천하는 것이 세상에 소금이 되는 것"이라고 말씀하셨다.

맛을 잃은 소금이 길에 버려져 사람들에게 밟히는 것처럼, 당신이 만일 자신의 욕망을 이루기 위해, 세상을 거스르며 이웃에게 민폐를 끼치며 불화한다면, 당신은 이웃에게 손가락질 받으며, 비웃음거리가 될 뿐 아니라, 마지막 날 심판을 면하지 못할 것이다. 당신이 그리스도인이라면, 주께서 당신에게 부탁하신 대로, 세상의 부패를 방지하고 정화하는 소금의 역할을 해야 한다.

소금은 자신을 녹여 음식에 맛을 내는 것처럼, 당신은 일상생활에서 이웃 속으로 들어가야 한다. 이는 예수님께서 당신에게 주신 사랑을 이웃과 더불어 나눔으로, 회개에 합당한 열매를 맺는 것이다. 이 일이 하나님께는 영광이 되고, 당신에게는 주께서 주시는 기쁨이 충만하게 된다. 만일 당신에게 주께서 주시는 이 기쁨이 없다면, 이는 당신이 이웃과 그리스도의 사랑을 나누지 않고 있기 때문일 수도 있다.

영적 예배를 위한
하나님의 온전하신 뜻

당신과 영원토록 함께(요14:16~18) 계신 성령은, 믿음을 견고하게 인치시고 영생을 보증하신다(고후1:21~22). 이는 당신의 영과 혼과 몸이, 주님 다시 오시는 그날까지 흠 없이 온전하게 보전되어, 그 날에 하나님께 당신의 성숙한 모습(열매 맺은 신앙생활)을 자랑하게 하려는 것이다. 그래서 성경은 그리스도 예수의 마음을 품으라고 말씀하고 있다.

> 빌2:15] 이는 너희가 흠이 없고 순전하여 어그러지고 거스리는 세대 가운데서 하나님의 흠 없는 자녀로 세상에서 그들 가운데 빛들로 나타내며 16] 생명의 말씀을 밝혀 나의 달음질도 헛되지 아니하고 수고도 헛되지 아니함으로 그리스도의 날에 나로 자랑할 것이 있게 하려 함이라

예수그리스도는 태초부터 하나님이시다. 그러나 그는 오히려 자신을 낮추어 종의 형체를 가지고 인간으로 오셔서, 십자가에 죽기까지 복종하셨다. 그러므로 그를 인하여 구원 얻은 당신은, 하나님

께서 기뻐하시지 않는 일에 관여하지 말고, 항상 성령께서 인도하시는 말씀에 복종하여, 마땅히 믿음의 일에 더욱 힘써야 한다. 왜냐하면 성령께서 당신에게 순종하는 믿음을 주시고, 하나님이 원하시는 일을 할 수 있도록 돕고 계시기 때문이다.

공동체의 구성원들이 뜻을 합하여 한마음을 품고, 서로가 형제에게 믿음의 권면이나, 사랑의 위로나, 성령의 교제나, 긍휼과 자비를 베풀 때, 책망이나 교만과 권위와 과장과 우월감으로 하지 않고, 상대를 서로 존중하고 섬기는 마음으로 할 뿐만 아니라, 각자가 맡은 일을 책임감 있게 하고, 다른 사람의 일을 기쁜 마음으로 돕는 것이, 예수님 마음을 품는 것이다.

그러므로 당신은 모든 일에, 불평이나 다툼으로 하지 말고, 마음이 어긋나고 뒤틀려 제 고집대로만 하려는 사람들로 가득 찬 이 세상에서, 생명을 살리는 진리의 말씀을 높이 쳐들고, 횃불을 밝히듯 복음의 빛을 발해야 한다. 이로 말미암아 그리스도께서 강림하실 때, 당신의 몸(영, 혼, 육)이 하나님 앞에 흠 없고 온전하게 보전되어, 자랑할 것이 있게 된다(빌2:1~16). 이는 당신이 하나님의 후사로서, 하나님께 당신의 몸을 거룩한 산 제사로 드리기를 기대하시는, 하나님의 온전하신 뜻이다.

그리스도의 날에 하나님 앞에 흠 없는 온전함(열매 맺은 신앙생활)**을 자랑하려면, 영생의 양식을 먹어야 한다.**

예수님은 갈릴리 해변에서 오병이어의 기적을 행하시고, 이튿날

가버나움으로 가셨다. 많은 군중이 몰려오는 것을 보시고 제자들에게, "저들이 나를 따라오는 것은 떡을 먹고 배부른 까닭이라며, 저들처럼 썩는 양식을 위하여 일하지 말고, 영생하도록 있는 양식을 위해서 일하라" 하셨다. 육신을 가진 존재는 땅에 있는 음식을 먹어야 사는 것처럼, 믿음으로 사는 사람은, 몸은 비록 이 땅에 살고 있을지라도, 마음(영)으로는 하늘 양식(말씀:예수그리스도)을 먹어야 하늘나라에서 영생할 수 있기 때문이다.

> 요6:47] 진실로 진실로 너희에게 이르노니 믿는 자는 영생을 가졌나니 48] 내가 곧 생명의 떡이로라 49] 너희 조상들은 광야에서 만나를 먹었어도 죽었거니와 50] 이는 하늘로서 내려오는 떡이니 사람으로 하여금 먹고 죽지 아니하게 하는 것이니라 51] 나는 하늘로서 내려온 산 떡이니 사람이 이 떡을 먹으면 영생하리라 나의 줄 떡은 곧 세상의 생명을 위한 내 살이로라 하시니라

예수님은 자신을 따르는 군중들을 향하여, "하늘 양식은 영생하도록 있는 양식인데, 이는 내가 주는 양식(예수님의 살과 피:죽음과 부활)이다"라고 하셨다. 예수님이 주시는 이 양식은 율법의 행위, 도덕, 선행으로 영생을 얻는 것이 아니고, "하나님께서 인간을 죄에서 구원하시기 위해서 보내주신, 그 아들 예수그리스도를 믿는 것"이라고 하셨다. 그러자 군중들은, "그러면 선생께서 우리에게

무슨 표적을 보여서, 우리가 선생을 믿게 하겠느냐" 하면서, "혹시 우리 조상들이 광야에서, 만나를 먹은 것같이 빵(육신의 양식)을 주겠느냐"고 했다. 육신에 속한 자는 이처럼 육신의 것에만 관심을 가진다.

하나님께서 그 아들 예수그리스도에게, 만민을 다스리는 권세를 주신 것은, 구원 얻은 사람들에게 영생을 주시려는 것이다. 그 영생은 곧 유일하신 참 하나님과 그가 보내신 예수그리스도를 아는 것(믿는 것)이다(요17:2~3). 그러나 그들은 예수님을 구원자로 믿으려 하지 않고, 세상 것을 얻기 위해서 기적을 보여 달라고 했다. 예수님은 그들에게 "하늘에서 빵을 내려 주신 이는 모세가 아니라, 내 아버지다"라고 하시며, "내 아버지께서 주시는 떡은 하늘에서 내려온 것으로, 세상에 생명(영원한 생명)을 주는 참 떡인데, 그 떡은 바로 '나'라고 하시며, 나를 따르는(믿는) 사람은 결단코 주리지 않을 것(살을 먹음)이며, 영원히 목마르지도 않을 것(피를 마심)이다" 하셨다.

예수께서 하늘로서 내려온 것은, 그의 뜻을 행하려는 것이 아니고, 자기를 보내신 하나님 아버지의 뜻을 행하려는 것이다. 그 뜻은 그 아들을 믿고 구원 얻은 사람을 하나라도 잃어버리지 않고, 마지막 날에 다시 살려(부활) 영생하게 하는 것이다. 그러므로 그 아들을 보고 믿는 자마다 영생을 얻는다. 이처럼 믿는 사람은 이미 영생을 가진 것이다. 그를 믿는 것이 곧 생명(영생)의 떡을 먹고 마시는 것이기 때문이다.

이스라엘 조상들은 광야에서 만나(육신의 떡)를 먹고도 죽었지만, 예수님은 하늘로서 내려온 산 떡인데, 누구든지 이 떡(살과 피:죽음과 부활)을 먹고 마시면(믿으면) 죽지 않고 영원히 산다. 예수님께서 주시는 이 떡(영생하는 영혼의 양식)은, 곧 세상(죄인)의 생명(영생)을 위한 예수님의 살(죽음)과 피(부활)다. 그러므로 누구든지 인자(그리스도 예수)의 살(대신 죽음:죄 사함)과 피(영생 부활:"의롭다"하심)를 먹고 마시지(믿지) 않으면, 그 사람 속에는 생명(영생)이 없다. 그러나 그의 살(대신 죽음)과 피("의롭다"하심:영생 부활)를 먹고 마시는(믿음) 사람은 이미 영생을 가졌고, 마지막 날에 예수님이 그를 다시 살릴 것(부활)이다. 예수님의 살(대 속)은 참된 양식(구원의 복음:믿음)이며, 그의 피(부활)는 참된 음료(영생의 말씀:의)이기 때문이다.

당신이 예수님의 살(죽음)을 먹고(구원의 믿음), 그의 피(부활:영생)를 마시면(영생의 열매), 당신이 예수님 안(말씀)에 거하고(순종) 예수님도 당신 안(주인)에 거하시는데(활동), 이는 살아계신 하나님 아버지께서 예수님을 보내시어, 그가 하나님 아버지로 인하여 사시는 것같이, 예수님의 살과 피를 먹고 마시는 당신도, 예수님으로 인하여(믿음으로) 사는 것이다(요6:22~57).

사람들은 육신의 생명을 유지하기 위해, 몸(육체)이 먹고 마실 것을 구한다. 그래서 오래도록 풍족하게 먹고 마시기 위해서, 많은 재물을 곳간에 쌓아 두려고 한다. 그래야 불안하지 않기 때문이다. 그러나 마음에 탐욕은 그것으로 만족하지 못한다. 그래서 남들보다 더 많은 세상 자랑거리(탐욕)를 쌓아 두기 위해, 온갖 추악한 죄를 범하면서도 부끄러운 줄 모르고, 오히려 자신이 남들보다 더 우월한 존재라고 자랑스럽게 여긴다. 탐욕으로 가득 찬 허망한 인생은, 마치 밑 빠진 독에 물을 붓는 것처럼, 아무리 채우려 해도 채워지지 않는 헛된 것이다.

하나님께서는 모세를 통해서 광야의 이스라엘 백성에게, 육신의 양식인 만나와 메추리기를 주셨다. 그러나 그들은 그 양식을 먹고, 한 사람도 영생하지 못하고 광야에서 다 죽었다. 육신의 생명을 위한 몸의 양식은 썩는 양식이기 때문이다. 육신의 생명을 가진 몸에 꼭 필요한 것이, 세상 음식(양식)과 물(음료)인 것처럼, 영생에 꼭 필요한 참된 양식과 음료는, 예수그리스도의 죽음(살)과 부활(피)을 믿는(구원) 믿음(삶)이다. 이를 위해 일하는 것(신앙의 열매)이 곧 예수 양식(영생 양식)을 먹는 것이다.

영생 양식을 먹는 것은 예수 계명을 지키는 것이다

성경은 "하나님은 사랑"이라 하시며 사람이 서로 사랑하는 것은, 하나님께로 나서 하나님께 속했기 때문이라고 하셨다(요일4:7~8). 그러므로 사랑하지 않는 것은, 하나님을 알지(믿지) 못하기 때문이며, 이는 예수 이름을 영접하지 않으므로 하나님께로 나지 않고, 혈통으로나 육정으로나 사람의 뜻으로 난 옛사람(죄인:회개하지 않은 사람)이기 때문이라고 하셨다(요1:12~13).

요일4:7] 사랑하는 자들아 우리가 서로 사랑하자 사랑은 하나님께 속한 것이니 사랑하는 자마다 하나님께로 나서 하나님을 알고 8] 사랑하지 아니하는 자는 하나님을 알지 못하나니 이는 하나님은 사랑이심이라

예수님은 제자들과 마지막 만찬에서, 가롯 유다가 예수님께 빵(성찬) 조각을 받고 나가자, 남은 열한 제자들에게, 조금 후에 아버지께로 가실 것을 말씀하시면서, "내가 너희를 사랑한 것같이, 너희도 서로 사랑하라" 하시는, 새 계명을 주셨다. 이는 예수님이 당신을 사랑하신 것같이, 당신도 이웃과 서로 사랑을 나누라는 말씀이다(요13:34). 예수님의 사랑은 당신이 이웃과 함께 사랑을 나누는, 믿음의 삶에서 피어나는 것이기 때문이다.

예수님은 당신을 어떻게 사랑하셨나? 그는 당신(옛사람:죄인)이 하나님과 원수였을 때, 당신의 죄를 위해 자신을 버리고, 당신 대신 십자가를 지고 죽음으로, 당신에 대한 사랑을 확증하셨다(롬5:8). 예수께서 당신을 이렇게 사랑하신 것같이, 당신도 이웃의 형편을 이해하고 용서하고, 때로는 고난도 함께 나누는 것이, 예수께서 당신에게, "네 이웃을 네 몸과 같이 사랑하라" 하신 계명을 지키는 것이고, 주님을 사랑하는 것이라 하셨다.

예수님께서 만일 당신을 사랑한다고 말을 하고, 당신의 죄를 대속하기 위한 십자가를 지지 않으셨다면, 당신은 그가 당신을 사랑한다고 믿지 않았을 것이다. 그러므로 만일 당신이 배고픈 이웃에

게, 배불리 먹으라고 말을 하면서 빵을 주지 않거나, 추위에 떠는 형제에게, 따뜻하게 하라며 입을 옷을 주지 않는다면, 당신은 그 형제뿐 아니라 예수님에 대한 사랑도 없는 것이다.

당신이 만일 이웃에게, 예수님의 사랑을 전하지 않는다면, 당신은 예수님의 사랑을 알지 못하는 것(체험하지 못한 것)이다. 왜냐하면 예수님의 사랑은 예수님을 사랑하는 자에게 나타내 주시기 때문이다. 그러므로 당신이 예수님을 사랑하면 그가 당부하신 계명을 지키는데, 그리하면 하나님 아버지께서도 당신을 사랑하실 뿐 아니라, 예수님과 하나님께서 당신의 삶의 현장에 함께 오셔서, 당신과 함께 사실 것이라고 말씀하시면서, 사람이 나를 믿는다고 하면서도 내 말을 지키지 않는다면, 이는 결국 하나님을 믿지 않는 것(요14:23~24)이라고 말씀하고 있다.

예수님께서 "서로 사랑하라" 하신 말씀은, 불공평하고 불공정하고 정의롭지 못한 세상에서, 강한 자가 약한 자를 돕고, 가진 자가 없는 자와 나누고, 악을 선으로 갚는 사랑을 통하여, 하나님의 공평과 공정과 정의를 나타내시기 위함이다. 만일 당신에게 예수님으로 인해, 하나님께 일만 달란트의 빚(죄)을 탕감받은 은혜에 감사하는 믿음이 있다면, 당신도 이웃의 일백 데나리온 되는 실수를 이해하고 용서하며 사랑할 수 있을 것이다. 주께서 "서로 사랑하라" 당부하신 계명을 실천하는 것은, 당신이 그리스도께 받은 그 사랑을 이웃과 함께 나누는 것이기 때문이다.

선한 사마리아인처럼

한 율법사가 예수님을 시험하려고, "무엇을 해야 영생을 얻을 수 있느냐?"고 질문했다. 예수님은 그에게 율법에 무엇이라고 기록되었으며, 무슨 마음으로 읽었느냐고 물었다. 율법사는 "네 마음을 다하며, 목숨을 다하며, 힘을 다하며, 뜻을 다하여, 주 너의 하나님을 사랑하고, 또한 네 이웃을 네 몸과 같이, 사랑하라고 기록되어 있다"라고 대답했다. 그러자 예수님은, "네가 말한 대로 행하라, 그리하면 영생을 얻을 것이다" 하셨다.

예수님이 율법사에게 말씀하신 대로, 그가 만일 율법을 읽은 대로 온전히 지킬 수만 있다면, 그는 영생 얻을 수 있을 것이다. 그러나 그 많은 율법 중 단 한 번, 그리고 단 한 가지만 못 지켜도 정죄(심판) 받기 때문에 구원 얻지 못한다. 예수님은 율법사에게, 인간은 율법을 다 지킬 수 없으므로, 율법의 행위로는 하나님께 구원받을 의("의롭다"하심)가 없음을 말씀하심이다.

율법에는 오직 정죄와 판단과 심판만 있으므로 영생을 얻지 못한다. 그러나 복음에는 하나님의 의가 나타나서, 예수그리스도께서 대신 죽고 부활하심을 믿음으로, 죄 사함을 얻고 구원에 이르게 하므로(롬1:17), 새 생명(부활의 생명)을 얻고 영원히 산다. 율법사는 모여 있는 많은 사람에게, 자기의 의로움을 보이려고, "내 이웃은 누구입니까?" 하고 물었다. 예수님은 어떤 사마리아 사람의 이웃 사랑을, 비유로 말씀하셨다(눅10:30~37).

어떤 사람이 예루살렘에서, 여리고를 향하여 내려가다 강도를 만났다. 그는 강도에게 심한 폭행을 당하여 옷이 벗겨진 채, 길바닥에 쓰러져 거의 죽어가고(옛사람:응급조치를 받지 않으면 생명이 위험한 상태) 있었다. 그때 마침 한 제사장이 그리로 내려가다, 그를 발견하고는 못 본 척 피해서 다른 곳으로 지나갔다. 조금 후 한 레위인도 그를 보고 못 본 척 피해 지나갔다.

그러나 어떤 사마리아인은 여행 도중에, 거기에 이르러 그를 보고 불쌍히 여겨 가까이 가서, 그의 상처에 약을 발라주고 싸매서, 자기 짐승에 태워 주막으로 데려가 밤새도록 간호해 주고, 이튿날 주막 주인에게 두 데나리온을 주면서, 잘 돌봐 달라고 부탁하며, "비용이 더 들면 돌아와 갚겠다"고 했다(자신의 형편이 허락하는 이웃 사랑). 당시의 두 데나리온은 요즘 노동자 이틀 품값 정도라고 한다. 예수님은 이 비유의 말씀을 마치시고, 너희도 가서 강도 만난 이웃에게 이같이 하라 하셨다.

어떤 사람들은 이웃을 사랑하는데, 많은 것들(시간, 물질, 노력 등)의 희생을 감수해야 하는 것으로 생각하고 아예 외면해 버린다. 그러나 예수님께서 말씀하신 "이웃 사랑"의 사례는, 사마리아인처럼 자기가 감당할 수 있는 정도의 물질(보통 노동자 이틀 품값 정도)과 자기가 할애할 수 있는 정도의 일정(시간)을 조정하는 정도이다. 그리고 돌아와 보살피겠다고 한 것처럼, 끝까지 돌아보는 것이다. 이는 없는 것(물질과 시간 등)을 남에게 빌려서 하거나 억지로 하라는 것이 아니라, 인색하지 말고 자신의 형편에 맞게 하라는 의미다.

예수님 당시의 제사장은 성전에서, 하나님과 사람(죄인) 사이를 중재하고 가르치는, 거룩한 성전 공동체의 최고 지도자였다. 그들은 각종 성전 예식과 성찬과 침례 등, 성전의 거룩한 의식과 행사를 주관하는, 성전 공동체의 거룩 성을 유지하는 대표자로 오늘날 교회 지도자의 직분이다. 그는 성전 제사(예배) 직무를 마치고 예루살렘에서 돌아가는 중이었을 것이다.

당시 제사장은 거룩한 성전 공동체에서 누구보다도, 이웃을 사랑하고 또 가르치고 실천해야 하는 신앙의 지도자인데, 강도에게 두들겨 맞아 길바닥에 쓰러져, 거반 죽어가는 사람을 보고도 못본 척 피해서 돌아갔다는 것은, 율법을 지켜야 구원 얻는다고 주장하고 가르치면서도, 말과 입으로 가르친 대로 살지 않는다는 것을 증명할 뿐 아니라, 율법을 주신 하나님께 대한 그의 믿음도 형식적임을 나타낸다. 또한 레위인은 성전에서, 거룩하신 하나님의 일을 주관하는 제사장을 돕고, 성전과 그 기물들을 관리하는 직분 자다. 이는 오늘날 교회 공동체를 섬기는 중요한 직분 자들과 같다. 그러나 그도 제사장처럼 행동했다.

제사장이나 레위인은 성전 직무수행 때문에, 강도 만난 이웃을 의도적으로 기피할 수도 있었겠지만, 그러나 예수님은 길바닥에 쓰러져 거의 죽어가는 사람을, 의도적으로 못 본 척 피해 가는 제사장과 레위인의 행위에 대하여, 선한 사마리아 사람의 예를 들면서, 자기를 시험하려는 율법사에게, 누구든지 율법을 섬김으로는 영생 얻을 수 없음을 우회적으로 교훈하셨다.

이에 반해 사마리아 사람은, 강도 만난 이웃을 마음과 힘과 뜻을 다하여, 주 하나님을 사랑하듯 보살폈다. 그는 강도 만나 죽어가는 이웃을 마치 자기 몸을 돌보듯 보살폈다. 예수님 당시 사마리아 사람들은, 신앙을 배신한 혼혈족이라고 해서, 유대인들은 그들과 말도 섞지 않았다. 과거 북 이스라엘 왕국이 앗수르에게 패망한 후, 이스라엘 지도층과 일부 백성들은 앗수르의 여러 지방으로 끌려가고, 그 대신 사마리아를 관리하기 위해, 앗수르의 관리와 백성의 일부를, 사마리아 지방으로 이주시켜 정착하게 했다. 그때 사마리아에 남아 있던 이스라엘 사람들은, 이주해 온 앗수르 사람들과 자연스럽게 통혼하며 혼혈족이 되어, 그들의 생활풍습을 따라 그들이 섬기는 우상을 섬겼다. 그들 대부분은 앗수르 사람들이 섬기는 신(바 알)을 섬기며, 그들의 생활관습을 따라 살면서, 혈통과 신앙의 순수성을 잃고 변질이 되었다. 당시의 유대인들은, 사마리아 사람들이 신앙을 배신했다며, 이방인 취급을 하고 상종하지도 않았다.

제사장과 레위인은, 율법에 대한 지식은 있어도 복음은 없었으므로, 복음의 의를 실천할 수 없었다. 그들은 율법을 알고 가르치기도 하며, 성전에서 율법대로 하나님을 섬기는 집례를 했지만, 일상생활에서는 율법을 지키지 않았다. 이는 마치 제물 없는 제사(그리스도 없는 예배)로 율법을 범하는 것이다. 하나님의 거룩한 성전에서 성스러운 제사를 집례하고, 하나님 것으로 살아가는 제사장이나 레위인은, 율법에 얽매어 율법을 지키지 못하지만, 율법주의자들에게 신앙의 배신자라고 외면당하며, 성전에 들어가지도 못했던 선한 사마리아 사람은, 하나님이 주신 사랑으로 율법을 이루는 믿음의 삶을 살았다.

사람의 의는 율법이나 선행으로 구원 얻으려는 것이고, 복음의 의는 예수그리스도께서 대신 죽고 부활하심을 믿음으로 구원 얻는 것이다. 율법은 사람의 의를 드러내고, 복음은 하나님의 의를 드러낸다. 그러므로 율법은 사람이 하나님 영광을 도둑질하는 것이고, 복음은 하나님께 영광을 돌려 드리는 것이다.

하나님은 신령과 진정으로 참 예배하는 자를 찾으신다.

만일 당신이 하나님께 신령과 진정으로 예배하지 않는다면, 하나님께서는 당신을 찾지 않으실 것이다. 하나님은 영이시므로 자기에게 신령과 진정으로 예배하는 사람을 찾으시기 때문이다.

> 요4:23] 아버지께 참으로 예배하는 자들은 신령과 진정으로 예배할 때가 오나니 곧 이때라 아버지께서는 이렇게 자기에게 예배하는 자들을 찾으시느니라 24] 하나님은 영이시니 예배하는 자가 신령과 진정으로 예배할지니라

하나님께서 찾으시는 신령과 진정의 참 예배는, 몸을 하나님이 기뻐하시는 거룩한 산 제사 즉, 일상의 삶을 예배드리듯 믿음으로 사는 것을 의미한다. 이 예배는 주님이 주시는 성령을 받아야 드릴 수 있는 예배(신앙생활)다. 예수님은 요4:1~30에서, 사마리아의 수가

라 하는 동네의 우물가에, 뜨거운 태양 빛이 내리쬐는 한낮에, 뭇 사람들의 시선을 피해 물길으러 나온 여인에게, 주께서 주시는 성령을 영원토록 솟아나는 샘물에 비유해서 말씀하셨다. 그 여인은 지금 여섯 번째 남자와 살고 있는데, 그 남자도 사랑해서 혼인한 남편(계대 결혼?)이 아니라고 했다.

예수님은 삶에 무거운 멍에를 메고, 목마른 인생에 허덕이며 지친 그 여인에게, 이 우물물(세상 즐거움)을 먹으면 또다시 목마르지만, 내가 주는 물(성령)을 먹으면, 그것이 네 속에서 영생하도록 솟아나는 샘물(말씀의 지혜와 지식)이 되어서, 영원히 목마르지 않게 될 것이다(요4:14)"라고 하셨다. 이는 주님이 주시는 성령을 받으면 영생하도록 솟아나는 샘물처럼, 하나님께서 생명의 말씀을 끊임없이 공급해 주셔서, 하나님의 은혜가 풍성하게 넘치는 활기찬 삶이 될 것을 말씀하심이다. 그뿐 아니라, 메마른 광야와 산골짜기에, 생명수가 강물같이 흘러넘쳐 죽어가는 생명을 살리는 것처럼, 영혼을 살리는 하나님 말씀의 능력(생명수)을 말씀하심이다(요7:37~39). 이처럼 사람이 하나님께 신령과 진정의 참 예배(산 제사)는 성령의 은혜로만 된다.

✝ **묵상 가이드**

1. 당신은 영생의 양식을 먹고 마시고 있는가? (요6:22~59)

2. 당신의 삶에서 맺히는 열매는 무엇인가? (눅3:11~14, 롬8:5~8, 마 5:14~16, 눅10:27~28)

열매로 안다

제7장 ──────────

열매 없는 나무

침례 요한은 요단강에서, 회개를 위한 물로 침례(세례)를 베풀면서, "나는 물로 침례(세례)를 주지만 내 뒤에 오시는 이(예수그리스도)는, 성령과 불로 세례를 주실 것이다(마3:11)"라며, "농부가 열매 맺지 않는 나무를 찍어 불에 던지려고, 도끼를 이미 그 나무뿌리에 올려놓은 것처럼, 회개에 합당한 열매를 맺지 않으면, 마지막 때 그의 심판을 피할 수 없다"라고 경고한다

회개의 열매에 대한
침례 요한의 교훈

농부가 유실수를 심고 가꾸는 것은, 주인이 그 열매를 거두기 위함인 것처럼, 하나님께서 사람을 구원해서 성령을 주심은, 찬송과 영광의 열매(회개에 합당한 열매)를 받기 위함이다. 농부가 열매 맺지 않는 가지를 잘라서 불에 던지는 것처럼, 만일 사람에게 회개에 합당한 열매가 없다면, 마지막 때 하나님 진노의 심판을 피할 수 없게 될 것이다.

침례 요한이 요단강에서 침례를 베풀고 있을 때, 많은 바리새인과 사두개인들도 침례를 받으러 왔다. 그들은 당시 정치, 경제, 사회, 교육은 물론 종교 지도자(열매는 없고 잎만 무성한 무화과나무와 같은 자)들로, 율법으로 구원 얻는다고 주장하고 가르치는 부류들이다. 그들은 사람이 많이 모인 곳에서 믿음을 과시하며, 높은 단에 올라가 소리 높여 기도하고, 회중을 내려다보기 위해 높은 자리에 앉기를 좋아했다. 그리고 사람들에게 칭찬과 존경받기를 좋아했다고 성경은 기록하고 있다. 그들은 하나님께 돌릴 영광을 자기들이 받았다. 이는 그들이 열매 없는 종교인이기 때문이다.

일상생활에서의 열매(유대인들을 향한 권면)

침례 요한은 침례받으러 나온 바리새인과 사두개인들에게, "독사의 자식들"이라며 "누가 너희에게 임박한 하나님의 진노(심판)를 피하라고 하더냐"라면서, 장차 올 하나님의 심판을 피하려면, 아브라함의 자손이므로 거저 구원받는다 하지 말고, 회개에 합당한 열매(삶)를 맺으라며 책망했다. 그러자 경건한 유대인들은 "어떻게 해야, 회개에 합당한 열매를 맺느냐?"고 물었다.

> 눅3:11] 대답하여 가로되 옷 두 벌 있는 자는 옷 없는 자에게
> 나눠줄 것이요 먹을 것이 있는 자도 그렇게 할 것이니라 하고

요단강에 세례받으러 나온 유대인들은, 사회적으로 특별한 신분이 아닌 평범한 백성들로서, 유대교에서 개종한 그리스도인들일 것이다. 침례 요한은 그들에게, "옷 두 벌 있는 사람은, 옷 없는 사람에게 한 벌을 나누어 주고, 먹을 양식이 없는 사람에게도, 그렇게 하라"고 했다. 이는 자신도 입을 옷이 없거나, 먹을 양식이 없는데 "나누어 주라"는 것이 아니고, 자신의 형편에 따라 자기만 못한 가난한 이웃을 평소에 돌아보라는 의미다.

예수님은 하늘나라에 대하여, 부자와 거지 나사로를 비유하시면서 다음과 같이 말씀하셨다. "한 부자가 자색 옷과 고운 베옷을 입고, 날마다 잔치하며 호화롭게 살고 있었다. 그 집 대문 간에는

다 떨어진 헌 옷을 입은 거지 나사로가, 그 부자가 먹다 남은 음식이라도 얻어먹으려고 날마다 누워 있었는데, 동네 개들이 와서 헌데를 핥았다." 동네 개들도 그 집에서는, 음식 부스러기가 많이 나오는 줄을 알고 있는 듯했다. 그 부자는 거지 나사로에게 단 한 번도 따뜻한 음식을 주지 않았다. 거지 나사로는 죽어서 천사들에게 받들려 아브라함 품에 들어가고, 부자도 죽어 장사 되어, 음부에서 고통을 당하고 있었다(눅16:19~ 22).

예수님은 부자가 지옥 갈 만큼 어떤 죄를 범했거나, 거지 나사로가, 하늘나라 갈 만큼 믿음이 있었다고 말씀하시지는 않았다. 부자는 날마다 호화롭게 잘 먹고 잘살면서도, 자기 집 대문 간에서 한 끼를 걱정하며, 굶주림으로 고통받는 사람을 단 한 번도 돌아보지 않았고, 거지 나사로는 불편한 몸을 이끌고라도, 얻어먹지 않으면 굶어 죽어야 하는 어려운 처지였다.

예수님의 비유는 부자가 거지 나사로에게, 많은 물질로 생활 보장의 책임을 져야 한다는 말씀이 아니라, 날마다 잔치하며 호화롭게 사는 부자의 형편으로는, 한 명의 거지 나사로가 먹을 음식 정도는 제공할 수 있는 형편인데도, 그것을 모르는 척하며 돌아보지 않은 매정함을 지적하심이다.

오늘날 많은 사람이 그 부자처럼, 날마다 연락을 즐기며 호화롭게 살면서, 교회에 나가 하나님을 찬송하고 예배를 드리고, 여러 종류의 많은 물질을 드리지만, 그러나 그들 중 어떤 사람들은 안타깝게도, 자기 주변에 있는 거지 나사로와 같은 이웃을 외면한 채, 자신만을 위해 바쁘게 살아간다. 그들이 만일 하나님을 진실로 사랑하는 사람이라면, 자신이 누리는 여유로움으로, 하나님을 사랑하듯 이웃을 섬길 수도 있을 것이다(요13:34).

옷과 먹을 양식은 사람이 생명을 유지하는 데 없어서는 안 되는 가장 필수적이고 기본적인 것들이다. 이런 것들이 궁핍하면, 당장 심각한 생존의 문제로 고통을 겪게 된다. 성경이 입을 옷과 먹을 양식에 대하여 말씀하시는 것은, 단지 입는 옷과 먹는 양식만을 말씀하심이 아니다. 이는 돌볼 가족이 없는 고아와 과부, 그리고 사회적 약자들에게, 자신의 형편이 허락하는 범위 내에서, 이벤트성이 아닌 일상적으로 나누고 돌아보는 삶(생활)을 말씀하심이다. 이로써 이웃이 하나님(그리스도)의 사랑을 체험하고, 그들도 하나님께로 돌아오게 될 것이다.

어떤 형제들은 영생을 얻기 위해, 힘쓰고 애써서 열매를 맺으려고 한다. 그러나 성경(요15)은 사람의 노력으로 되는 것이 아니고, 예수님 안에서 "저절로 맺히는 것"이라고 말씀하고 있다. 이는 영생을 얻기 위해 이웃과 사랑을 나누는, 선행의 책임이나 의무를 강조하는 것이 아니라, 이웃과 사랑(마음과 필요)을 나누며 더불어 사는 삶의 자세가, 영생 유업을 약속받은 사람의 삶의 지혜임을 말씀하심이다. 그러므로 당신이 이웃과 사랑을 나눌 때, 그 나눔을 통해서 회개에 합당한 열매는 맺히고, 하나님께서는 찬송과 영광을 받으신다(요14:21).

공적 생활에서의 열매(세리들을 향한 권면)

침례 요한 당시 이스라엘은 로마 식민지였다. 당시 세리(유대의 세금 징수 관원)들은, 로마 식민정부가 유대인들에게 부과한 세금 외에 추가로 더 징수함으로, 동족인 유대인들에게 많은 원성을 샀다고 한다. 그들은 식민정부에서 책정한 금액만 상납하고, 추가로 징수한 금액은 자기들이 착복했다. 세리들은 자기 배를 불리기 위해서, 로마 관리들의 묵인 아래 공권력을 이용해서, 자기 형제들의 재산을 공개적으로 강탈하고 탈취한 것이다. 이는 로마 식민정부가 세리들의 노동력을 착취함으로, 세리들도 어쩔 수 없이 부정한 수입을 취득했을 수도 있다.

> 눅3:12] 세리들도 세례를 받고자 하여 와서 가로되 선생이여 우리는 무엇을 하리이까 하매 13] 가로되 정한 세 외에는 늑징치 말라 하고

침례 요한 당시의 유대인들은 동족인 세리들과 상종도 하지 않았다. 세리 장 삭개오의 회개를 통해서 나타난 바에 의하면, 당시 세리들은 스스로 죄인이라고 인정하고 성전에 나가지도 못했다. 그들은 다 같은 하나님의 선민이었지만, 작은 권세로 동족을 크게 착취했다. 침례 요한은 이들에게 정한 세금 외에 부당하게 착취하지 않고, 공정하고 정직하게 일하는 것도, 회개에 합당한 열매를 맺는

것이라고 했다.

공공업무에 종사하는 공직자나 공동체 종사자들은, 그 직무를 이용해서 부정하고 부당한 수입을 취득하지 말아야 한다. 만일 직무를 이용해서, 어떤 부정하고 부당한 대가의 재물로 자기 배를 불리면서 하나님 앞에 서는 것은, 그 자신이 하나님께 온전치 못한 예물이 된다. 이는 하나님께 마치 병들고, 비루먹고, 절고, 눈멀고 온전치 못한 생 축을 예물로 드리는 것으로, 자신을 속이는 파렴치한 행위일 뿐 아니라, 하나님께도 정직하지 못한 죄악으로, 하나님을 무시하고 기만하는 행위다. 하나님께 드리는 예물은, 흠 없고 거룩한 것이어야 하기 때문이다. 침례 요한은 공직자나 직장인이 부정부패의 유혹을 물리치고, 정직하고 성실하게 업무를 수행하는 것도, 회개에 합당한 열매를 맺는 것이라고 권면하고 있다. 이는 죄악으로 어두워져 가는 세상에, 하나님의 공의와 정의를 실현하는 한 방법이기 때문이다.

권위적 생활에서의 열매(군병들을 향한 권면)

침례 요한 당시 군병들은, 이스라엘에 주둔한 로마 군인들이다. 당시 이스라엘은 로마제국에 국토와 주권과 통치권을, 모두 빼앗기고 힘없는 식민지 백성이 되어, 점령자인 로마 군병들에게 수탈과 착취를 당하며, 많은 괴롭힘을 당했을 것이다. 그러나 그들 중에도 하나님을 섬기는 일부 군병들이 있어서, 침례를 받기 위해 요단강에 나왔다.

> 눅3:14] 군병들도 물어 가로되 우리는 무엇을 하리이까 하매 가로되 사람에게 강포하지 말며 무소 하지 말고 받는 요를 족한 줄로 알라 하니라

침례 요한은 군병들에게 강한 힘을 가진 신분과 권세로, 약한 자를 협박해서 강탈하는 파렴치한 행위를 하거나, 없는 죄를 만들어 누명을 씌워 빼앗지 말고, 현재 받는 급료에 만족하라고 했다. 이들이 만일 하나님을 믿는다면서, 힘없는 식민지 백성을 협박하고, 공갈치고, 압박해서, 재물을 탈취하고 자신의 탐욕을 채우려 했다면, 침례받으러 나오지 않았을 것이다.

만일 당신이 참된 회개를 했다면, 당신은 자신의 신분과 힘과 권력과 능력과 지위와 직무를 이용해서, 약한 사람들을 괴롭히며, 그들에게 어떤 부당한 유익을 취하려 하지는 않을 것이다. 힘과 권력을 남용하지 않고, 약한 사람을 보호하고 모든 이에게 공정하게 일하는 것도, 하나님의 공의와 정의를 실현하는 것으로, 회개에 합당한 열매를 맺는 것이기 때문이다.

회개한 사람에게 맺혀지는 합당한 열매는 무엇일까?
많은 사람 앞에서 당신의 세상 재능이나 능력을 과시하고, 자랑

하거나, 또는 종교적 공로와 선행을 과시하고, 칭찬과 존경을 받는 것일까? 침례 요한이 성경을 통해서 가르쳐 준 회개의 합당한 열매는, 당신이 생각하고 있는 것과 어떻게 다른가?

침례 요한은 사람이 **각자의 형편을 따라, 이웃을 믿음**(예수 사랑으로)**으로 돌아보며, 속해 있는 삶의 현장에서 성실하고 정직하고 공정하게 일하고, 약한 사람을 돌아보는 것이, 회개에 합당한 열매를 맺는 것이라고 가르쳐 주고 있다. 이는 일상생활 속에서 일어나는 이웃의 어려움을, 내가 당한 어려움처럼 생각하고, 아무 조건이나 대가 없이 돌아보는 것을 말씀하심이다.** 그래서 예수님은 "내가 너희를 사랑한 것(대신 죽음) 같이, 너희도 네 이웃을 네 몸과 같이 사랑하라" 하신 새 계명(요13:34)을 주신 것 같다. 예수님께서는 아무 대가나 조건 없이, 오직 죄인을 구원하시기 위해 자기 몸을 버리셨다. 이는 예수님께서 죄인을 자기 몸처럼 사랑하시는 증거다.

회개에 합당한 열매와
세례와의 관계

❖

하나님께서 진노하시는 관점은, 죄인이 끝까지(육신의 장막을 벗을 때) 회개하지 않는 것(불신앙)이다. 교회의 일부 형제들이 율법(도덕법, 사회법 포함)을 강조하면서, 자기 죄를 대신해서 죽고 부활하신 그리스도 예수를, 구원의 주로 영접하지는 않은 채 회개한 것으로 착각하므로, 회개에 합당한 열매를 맺지 못하고 있다. 이로 말미암아 영생 유업을 잇지 못하고 심판받게 될 것이다. 침례 요한은, 주께서 베푸실 성령세례와 불세례를 언급하면서, 마지막 때 있을 심판에 대하여 다음과 같이 경고했다.

"농부가 손에 키를 들고 타작마당을 깨끗하게 청소하고, 알곡은 모아 곡간에 들이고, 쭉정이는 꺼지지 않는 불에 던지는 것처럼, 마지막 때 주께서 심판 주로 오셔서, 회개에 합당한 열매를 맺었는지, 아닌지를 심판하실 것"이라고 했다. 이는 예수님께서 주시는 성령세례를 받지 않으면, 회개에 합당한 열매(영생의 열매)를 맺을 수 없으므로, 마지막 때 불로 심판받게 될 것을 시사하는 말씀이다.

당신이 회개해서 거듭남으로, 일상생활에서 그에 합당한 열매를 맺는 것은, 당신의 힘과 능력으로 힘쓰고 애써서 되는 것이 아

열매로 안다

니라, 성령께서 진리의 말씀으로 인도하실 때 믿고 순종함으로 된다. 당신이 열매 맺도록 인도하시는 이는 성령이기 때문이다. 그러므로 당신이, 회개에 합당한 열매를 맺는다면, 하나님께서는 죄악으로 어그러지고 뒤틀린 이 세상에서, 당신을 흠 없고 순전한 그의 자녀로 빛나게 하실 것이다(빌2:13~16). 당신이 하나님을 아는 지혜(말씀)를 소중히 여기면(실천), 그 지혜가 당신을 높일 것이고, 그 지혜(믿음)를 당신 가슴에 품으면(믿음), 그 지혜가 당신을 존귀(영생)하게 하실 것이기 때문이다(잠4:1~8).

물 침례(예수 이름 세례:결신 세례)

침례 요한은 유대 요단강 부근에서, 천국을 선포하며 회개를 촉구하는 물 침례를 베풀었다. 이때 예루살렘과 온 유대와 요단강 인근 사방에서 많은 사람이 나와, 죄를 자복하고 물로 침례를 받았다. 물 침례는, 하나님의 아들 예수그리스도를 '구원의 주'로 믿지 않은 것을 회개하고, 그를 삶에 주인으로 영접하는 믿음을 결단한 증거로, 예수 이름으로 받는 결신 침례(세례)다.

롬6:4] 그러므로 우리가 그의 죽으심과 합하여 세례를 받음으로 그와 함께 장사 되었나니 이는 아버지의 영광으로 말미암아 그리스도를 죽은 자 가운데서 살리심과 같이 우리로 또

한 새 생명 가운데서 행하게 하려 함이니라

벧전3:21] 물은 예수그리스도의 부활하심으로 말미암아 이제 너희를 구원하는 표니 곧 세례라 육체의 더러운 것을 제하여 버림이 아니요 오직 선한 양심이 하나님을 향하여 찾아가는 것이라

침례 요한은 "나는 너희에게 물로 침례를 주지만 장차 나보다 능력이 많으신 이가 올 것인데, 그는 너희에게 성령과 불로 세례(침례)를 주실 것이다" 하며, 그를 믿어야 죄 사함을 얻고 성령을 선물로 받는다고 증거했다. 홍수심판 때 노아와 그 가족이 방주에서 구원 얻은 것처럼, 예수그리스도는 마지막 심판 날에 구원의 방주다. **물 침례는 예수그리스도께서 육체로는 죽임을 당하시고, 영으로는 살리심을 받으신 것처럼, 옛사람**(죄인:불신자)**이 회개하여 예수그리스도와 합하여 세례를 받음으로, 하나님과 교회와 사람 앞에서, 새 생명을 받은 새사람으로 살겠다는, 신앙을 고백하는 것**(결신 세례)**이다. 하나님께서는 이 믿음을 보시고 죄를 사하시고 "의롭다**(구원)**" 하시며 성령을 선물로 주신다.** 이 세례(침례:예수 이름 세례)는 구원의 상징(표)으로, 구원 얻은 외적 증거다.

성령세례(성령의 선물:죄 사함)

복음을 듣고 그리스도 예수를 믿는 사람은 누구나, 하나님께서 약속(욜2:28~32, 행2:38~40)하신 성령을 선물(세례)로 받는다. 이는 하나님께서 그의 자녀들에게 주시는 가장 좋은 선물임을, 예수님과 그의 제자들이 증거한 사실이다(요14:15~18, 15:26, 16:7). 부활하신 예수님은 제자들에게, "예루살렘을 떠나지 말고, 내가 말한 아버지의 약속하신 것을 기다리면, 몇 날이 못 되어 성령으로 세례를 받고 권능을 받아, 땅끝까지 이르러 내 증인이 될 것이다"(행1:4, 8) 하시고 아버지께로 가셨다.

> 행2:1] 오순절 날이 이미 이르매 저희가 다 같이 한곳에 모였더니 2] 홀연히 하늘로부터 급하고 강한 바람 같은 소리가 있어 저희 앉은 온 집에 가득하며 3] 불의 혀 같이 갈라지는 것이 저희에게 보여 각 사람 위에 임하여 있더니 4] 저희가 다 성령의 충만함을 받고 성령이 말하게 하심을 따라 다른 방언으로 말하기를 시작하니라

부활하신 주께서 승천하시고 열흘째 되는 날, 오순절 명절을 기념하기 위해, 예루살렘 성전 앞 광장에는 수많은 순례객이 모여들었다. 그들은 이스라엘 본토 유대인과 주변 여러 나라에서 온 디아스포라(유대 교포 2세)들이었다. 이날 사도 베드로는 동료들과 함께,

하나님 아버지께서 약속하신 성령 충만함을 받고, 성령이 말하게 하심을 따라 다른 방언으로 말하기를 시작했다.

이때 경건한 교포 2세 유대인들(디아스포라)은, 제자들이 하나님의 큰일(구원)에 대하여, 자기들이 사는 나라 언어로 말하는 것을 듣고 놀라서, 서로 "어찌 된 일이냐?" 하며 기이하게 생각했다. 또 다른 어떤 이들(이스라엘 본토 유대인들)은, "저들이 새 술에 취해서 횡설수설한다"라며 조롱하기도 했다. 그러자 베드로는 열한 사도들과 함께 큰 소리로, "이는 하나님께서 선지자 요엘에게 약속하신 성령을 주신 것"이라며, "너희가 보고 들은 대로 하나님께서 나사렛 예수를 통해서, 큰 권능과 기사와 표적을 너희 가운데서 베푸시어, 하나님께서 너희가 보는 앞에서 그를 증거하셨다. 하나님께서 창세 전에 정하시고 계획하신 대로, 그 아들을 화목을 위한 희생 제물이 되게 하셨는데, 너희가 그를 법 없는 자(로마 군병)들의 손으로 못 박아 죽게 했다. 그러나 하나님께서는 그를 사망의 고통에서 살아나게 하셨다"고하며, "우리는 다 이 일에 증인"이라고 했다.

행2:38] 베드로가 가로되 너희가 회개하여 각각 예수그리스도의 이름으로 세례를 받고 죄 사함을 얻으라 그리하면 성령을 선물로 받으리니 39] 이 약속은 너희와 너희 자녀와 모든 먼데 사람 곧 주 우리 하나님이 얼마든지 부르시는 자들에게 하신 것이라 하고 40] 또 여러 말로 확증하며 권하여 가로되 너희가 이 패역한 세대에서 구원을 받으라 하니 베드로는 계속해서 "너희가 바로 알아야 할 것은, 너희가 십자가에 못 박아 죽게 한 이 예수를, 너희가 섬기는 하나님이 너희의 주와 그리스도 되게 하셨다"라고 했다. 이 말을 듣고 마음에 찔림을 받은 경건한 유대인들은 사도들에게, "형제들아! 우리가 어떻게 해야 하느냐"고 하자, 베드로는 "너희가 회개하여 각각 예수그리스도 이름으로 세례를 받고 죄 사함을 얻으라 그리하면 (너희도 우리와 같이) 성령을 선물로 받을 것이다" 하면서, "이 약속은 하나님께서 구원 얻은 자 누구에게나 하신 약속"이라며, 하나님을 거부하는 죄에서 구원받는 것이라고 했다.

이처럼 성령의 선물은, 사람이 하나님께 구해서 받는 것이 아니고, 하나님께서 약속하신 대로 죄 사함을 얻은 사람 누구에게나, 구원의 선물로 거저 주시겠다고 약속하신 말씀을 믿음으로 받는다. 그러므로 누구든지 회개하여 죄 사함을 얻으면, 성령을 선물로 받고 권능을 받아 예수 증인이 되어, 하나님께 영광 돌리는, 예수님의 제자로 하나님의 후사가 된다. **성령세례는 죄인이 회개한 죄를, 하나님께서 용서해 주시고, "의롭다" 하시며 성령을 선물**(세례)**로 주겠다고 약속하신, 하나님 아버지의 약속에 대한 인간의 믿음**(겹 믿음)**을, 하나님께서 인정하시는 증표다.**

불세례(심판 세례:말3:2~5, 신4:24, 히12:29, 요5:24~29)

죄를 회개하여 죄 사함을 얻음으로 성령을 선물로 받고, 성령의 인도하심에 믿음으로 순종해서, 회개에 합당한 열매를 맺음으로, 주님 다시 오시는 그날 부활해서, 공중에서 주님을 맞이하게 된다. 이는 심판에서 생명으로 옮겨졌기 때문이다. 그러나 열매가 없으면 불 심판을 받게 될 것이라고 경고하셨다.

마3:10] 이미 도끼가 나무뿌리에 놓였으니 좋은 열매 맺지 아니하는 나무마다 찍어 불에 던지우리라 11] 나는 너희로 회개케 하기 위하여 물로 세례를 주거니와 내 뒤에 오시는 이는 나보다 능력이 많으시니 나는 그의 신을 들기도 감당치 못하겠노라 그는 성령과 불로 너희에게 세례를 주실 것이요 12] 손에 키를 들고 자기의 타작마당을 정하게 하사 알곡은 모아 곡간에 들이고 쭉정이는 꺼지지 않는 불에 태우시리라

제련공이 용광로에서 금과 은을 단련하여, 순도 높은 금과 은을 만들어 내는 것처럼, 마지막 심판 날에 주께서 교회 공동체 구성원들의 믿음을, 풀무 불에 녹여 불순물(세상의 모든 죄와 모든 우상 섬김의 죄)을, 온전하게 제거해서 정결하게 하시겠다고 하셨다. 이로 말미암아, 마지막 날에 정 금 같은 믿음(순결한 믿음)으로 다시 나와서, 하나님께 한 점 흠 없는 온전한 제물로 바쳐지게 될 것이다(말

열매로 안다

3:3). 이는 주께서 세상 끝날에 교회 공동체에 섞여 있는, 가라지(쭉정이:열매 없는 자)를 가려내어 불(불세례:심판)에 사를 것임을 경고하심이다.

그러므로 가라지처럼 몸의 사욕을 따르지 말고, 항상 성령과 함께 거하며(외주:신앙생활), 그의 인도하심에 믿음으로 순종해야 한다(고후5:4~8). 가라지 같은 사람은 세상 끝날에 마귀와 그 졸개들을 위해 예비된, 영영 한 풀무 불(지옥 불)에 그들과 함께 던져져, 거기서 슬피 울며 이를 갈게 될 것이다. 거기는 영원히 꺼지지 않는 불구덩이 같은 곳으로, 구더기같이 연약한 미물도, 영원히 죽지 않고 고통을 당하는 곳이며, 그곳에 있는 사람은, 소금을 불에 튀기는 것 같은 고통을 받는 곳이다(막9:49).

열매 없는 자들은 쭉정이처럼, 마지막 타작마당(심판 날)에서 불세례를 통하여, 영원한 멸망(사망)의 심판을 받게 되지만, 회개에 합당한 열매를 맺은 사람들은, 알곡처럼 주님의 나라(하늘나라 처소)에 들어가게 된다(고전3:15). 이는 마지막 날에 영원한 생명으로 옮겨짐이며, 하나님의 형상과 모양대로 지으심을 받은, 거룩한 처음 사람 아담으로의 회복이다. 이를 위해 예수그리스도께서, 인간의 죄를 대신해서 십자가에서 죽었으나, 그 가운데서 다시 살아나셨다.

영원히 멸망해야 할 죄인이, 영원한 생명으로 옮겨지는 것은, 예수그리스도의 대 속의 피(죽음)와 부활을 믿음과 동시에 이루어진다. 죄에 대하여 죽은 자(예수 이름 세례받은 자)는, "의롭다" 하심을 얻기 때문이다. 이처럼 사망에서 생명으로 옮겨진 것에 대하여 성경은, 다음과 같이 현재 완료형으로 기록하고 있다.

> 요5:24] 내가 진실로 진실로 너희에게 이르노니 내 말을 듣고 또 나 보내신 이를 믿는 자는 영생을 얻었고 심판에 이르지 아니하나니 사망에서 생명으로 옮겼느니라

예수님은 요11:25~26에서, "나는 부활이요 (영원한) 생명이다. 그러므로 나를 믿는(대속과 부활) 사람은, (나처럼) 죽어도 살 것(부활)이다" 하시면서, "살아서 나를 믿는 사람은 (나처럼) 영원히 죽지 않을 것이다" 하셨다. 예수님은 "이것을 믿느냐"고 묻고 있다. 누구든지 이 물음에 화답할 믿음이 있으면, 그는 회개에 합당한 열매를 맺고, 마지막 날 예수님처럼 영원한 생명으로 부활하게 된다.

사람이 거듭남으로 멸망의 심판에서 영원한 생명으로 옮겨진 것이므로, 그는 주님 다시 오시는 그날 주님의 음성을 듣고, 죄로 죽었던 그 몸도 무덤에서 일어나 영원한 생명으로 부활한다. 그러므로 영생에 이르게 하는 회개에 합당한 열매의 보상은, 불로 연단할 때(불세례) 없어지는 금보다 더 귀해서, 그리스도 예수께서 다시 오실 그때, 칭찬과 영광과 존귀를 얻게 하는, 영생의 부활로 나타나게 하실 것이다(벧전1:7). 영생을 얻게 하는 회개에 합당한 열매는, 마지막 날 심판의 때에 불로 연단 된 정 금같이, 불 가운데서 구원 얻는 믿음의 증거가 되기 때문이다. 이처럼 불로 세례받음은

열매로 안다

불로 연단 된 정 금같이, 순수한 믿음이라는 의미다. 이 믿음은 성령과 더욱 친밀하게 해서, 회개에 합당한 열매를 맺게 한다. 이는 심판에 이르지 않고 영생 유업을 잇는 보증이다(요5:24). 그러므로 물과 성령과 불로 세례를 받아야, 회개에 합당한 열매를 맺게 되고, 하나님께 영광 돌리는 예수님 제자로, 그 나라의 영생 유업을 잇게 된다.

노아 때는 물이 세상에 넘침으로 세상이 물로 멸망한 것처럼, 마지막 때의 하늘과 땅은, 그때와 같은 말씀으로 세상을 불로 심판하기 위해, 경건치 않은 사람들의 심판과 멸망의 날까지, 하나님께서 심판을 보류하고 계신다(벧후3:7). 그러므로 회개에 합당한 열매를 맺어야, 하나님 진노의 불 심판을 피할 수 있다.

열매 없는 나무
(열매로 안다)

어느 날 이른 아침, 예수님께서 제자들과 함께 성전으로 들어오실 때, 시장하시어 근처 길가에 있는 잎이 무성한 한 무화과나무에, 열매를 따러 가셨으나 열매가 없었다. 이때는 아직 무화과 열매가 열릴 때가 아니었지만, 예수님은 그 나무를 향해, "이제부터 영원토록 사람이 네게서, 열매를 얻지 못할 것이다"하셨다. 이튿날 그 나무는 뿌리로부터 말라 있었다.

막11:12] 이튿날 저희가 베다니에서 나왔을 때에 예수께서 시장하신지라 13] 멀리서 잎사귀 있는 한 무화과나무를 보시고 혹 그 나무에 무엇이 있을까 하여 가셨더니 가서 보신즉 잎사귀 외에 아무것도 없더라 이는 무화과의 때가 아님이라 14] 예수께서 나무에게 일러 가라사대 이제부터 영원토록 사람이 네게서 열매를 따 먹지 못하리라 하시니 제자들이 이를 듣더라.… 막11:20] 저희가 아침에 지나갈 때에 무화과나무가 뿌리로부터 마른 것을 보고 21] 베드로가 생각이 나서 여짜오되 랍비여 보소서 저주하신 무화과나무가 말랐나이다 잎이 무성한 열매 없는 무화과나무는, 겉으로 보기에는 믿음이 좋은 것 같으나, 형식적이고 외식하는 자로 회개에 합당한 열매가 없는, 바리새인과 같은 종교인을 비유한 말씀이다. 무화과나무에 열매가 열릴 때가 아니라는 의미는, 아직은 심판의 때가 이르지 않았음을 암시한다. 그런데도 예수님께서 열매를 얻으려고 그 나무에 가셨다는 것은, 평소에 마지막 때를 준비하는 신앙을 교훈하심이다. 이는 각 사람이 어느 날 갑자기 육신의 장막을 벗게 되면(개인 종말), 예수님께서 열매를 찾으실 것을 말씀하심이다. 그러므로 주님이 언제 오셔도, 드릴 수 있는 열매가 있어야 함을 말씀하심이다.

열매가 열릴 때가 아닌데도, 예수님이 열매 없는 것을 저주하시므로, 그 나무가 뿌리로부터 마른 것은, 회개에 합당한 열매가 없는 채, 갑자기 육신의 장막을 벗게 되면, 주께서 다시 오실 때 심판받게 될 것을 경고하심이다(막11:11~24). 이는 신랑을 맞이하기 위해, 미리 기름을 준비한 지혜로운 다섯 처녀처럼, 평소에 회개에 합당한 열매를 맺어야 함을 교훈하심이다.

사람이 주님을 맞이하는 경우(때)는 두 가지 경우이다. 하나는 성경이 말씀하신 대로, 주님이 홀연히 오시는 인류 종말의 때이고, 또 다른 하나는 각 사람이 육신의 장막을 벗는 개인 종말의 때다. 두 때 모두 언제인지 알 수 없는 홀연히 임하는 때다. 그러므로 평소에 주님 맞을 준비를 해야 한다. 그것은 회개에 합당한 열매를 맺는 것이다. 그러나 만일 주님 맞을 준비(열매)가 되어 있지 않으면, 아직 열매가 열릴 때가 아니었지만, 열매가 없어 뿌리로부터

마른 무화과나무같이 될 것이다.

교회 공동체의 구성원이면서도, 회개에 합당한 열매가 없는 것은, 예수그리스도의 피의 대 속과 그의 부활하심을 믿지는 않고, 지식으로만 인식하고 있기 때문이다. 그들은 그리스도 예수를, '구원의 주'와 삶에 주인으로 모셔 들이지는 않고, 사람들에게 율법과 도덕과 선행으로, 자신의 의로움(구원)을 인정받으려 한다. 이는 이중인격과 외식하는 것으로, 죄 사함과 "의롭다"하심을 얻지 못한다. 그러므로 예수그리스도가 없는 신앙생활은 종교 생활이며, 하나님께 예물 없는 예배를 드리는 것이다. 그리스도의 피로 말미암는 회개가 없으면, 회개에 합당한 열매를 맺지 못하기 때문이다.

마7:18] 좋은 나무가 나쁜 열매를 맺을 수 없고 못된 나무가 아름다운 열매를 맺을 수 없느니라 19] 아름다운 열매를 맺지 아니하는 나무마다 찍혀 불에 던지우느니라 20] 이러므로 그의 열매로 그들을 알리라 21] 나더러 주여 주여 하는 자마다 천국에 다 들어갈 것이 아니요 다만 하늘에 계신 내 아버지의 뜻대로 행하는 자라야 들어가리라

좋은 나무는 아름답고 좋은 열매(하나님께 영광)를 맺지만, 나쁜 나무는 나쁜(불법) 열매(사람이 영광)를 맺는 것처럼, 믿음의 회개는 그에 합당한 열매를 맺고, 하나님을 기쁘시게 한다. 그러나 대신 죽고 부활하신, 그리스도 예수의 피로 말미암지 않은 회개(율법, 도

덕법, 사회법, 선행)는, 하나님이 아닌 사람이 영광 받는 나쁜 열매(사람이 영광)를 맺는다. 이는 그리스도의 대신 죽음과 부활에 대한 믿음이 없기 때문이다. 예수님께서 "열매로 안다"라고 하신 말씀대로, 사람이 하나님 나라에 들어가고 못 가는 것은, 그의 열매로 안다는 의미다. 열매 없는 자들은 하나님 뜻대로 행하지 않고, 입으로만(불법) 주여! 주여! 한다. 예수님은 이들에게 천국에 들어가지 못한다고 경고하신다. 열매 없는 나무가 농부의 도끼에 찍혀 불에 던져지는 것처럼, 마지막 때 주님께 심판받게 될 것이기 때문이다.

외식하는 사람들

침례 요한 당시 바리새인과 사두개인들은, 율법의 행위로 구원 얻음을 주장하고 가르치며, 그들 스스로 율법으로는 '의인'이라고 자부했다. 그들은 당시의 유대 사회 제도하에서 정치, 경제, 사회 그리고 학문과 종교적 지도자로 군림하며, 많은 사람에게 인정받고, 선생님으로 대우받으며, 존경받기를 좋아했다. 그들은 어디를 가든지 상좌와 높은 좌석에 앉아서, 자기의 위세를 과시하고, 사람들을 내려다보며 칭송과 존경받기를 좋아했다.

마3:7] 요한이 많은 바리새인과 사두개인이 세례 베푸는 데 오는 것을 보고 이르되 독사의 자식들아 누가 너희를 가르쳐 임박한 진노를 피하라 하더냐 8] 그러므로 회개에 합당한 열매를 맺고 9] 속으로 아브라함이 우리 조상이라고 생각지 말라 내가 너희에게 이르노니 하나님이 능히 이 돌들로도 아브라함의 자손이 되게 하시리라

침례 요한은 유대 사회에서나 로마 식민정부에서나, 선지자로 인정받고 있었다. 당시의 바리새인과 사두개인들은, 아브라함의 후손이므로 율법으로 구원 얻는다고 주장했기 때문에, 구원 얻기 위해서 회개해야(그리스도 영접) 할 이유가 없다며, 율법을 강조하고 가르쳤다. 이에 대해 침례 요한은 그들을, '독사의 자식들'이라고 혹독하게 책망하며, 회개에 합당한 열매를 맺지 않으면, 임박한 하나님의 진노를 피하지 못할 것이라고 경고했다.

침례 요한은, 율법으로 구원 얻는다는 바리새인과 사두개인들에게, "이스라엘 민족이 아브라함(믿음의 선조)의 자손이기 때문에, 유전적으로 구원 얻은 백성이라고 생각지도 말라"며, 강가의 많은 돌을 가리키며, "하나님께서는 이 돌들로도 얼마든지, 아브라함의 자손이 되게 할 수 있다"고 책망했다.

하나님께서는 그 아들을 그들의 '주와 그리스도'로 보내 주셨다(행2:26). 그러나 그들은 이를 거부하고 이방인(로마군인)의 손에, 십자가에 못 박혀 죽게 했다(행2:23). 그들은 예수그리스도를 거부하고, "아브라함의 후손이기 때문에, 율법에 순종해야 하나님 백성이 된다"라고 주장했다. 그들은 그들에게 율법을 주신 하나님 말씀은

듣지도 않으면서, 하나님이 아닌 사람들에게 하나님 백성임을 인정 받기 위해, 율법을 철저히 지키려고 했다. 예수님도 이들을 "거짓 선지자", "독사의 자식들"이라고 책망하시며 하나님 진노로 심판을 면치 못할 것이라고 경고하셨다.

> 마23:1] 이에 예수께서 무리와 제자들에게 말씀하여 가라사 대 2] 서기관들과 바리새인들이 모세의 자리에 앉았으니 3] 그 러므로 무엇이든지 저희의 말하는 바는 행하고 지키되 저희의 하는 행위는 본받지 말라 저희는 말만 하고 행치 아니하며

예수님은 바리새인과 사두개인들이, 겉으로는 믿음 있는 것처 럼 말하고 행동하지만, 그 마음속에는 더러운 탐욕과 방탕과 위 선과 악독과 불법이 가득하다고 하시며(마23:25~30), 그들은 지도 자 자리를 탐해서, 많은 사람을 모아놓고 말로 가르치기를 좋아하 고, 칭찬과 존경받기를 좋아한다며, 그들이 하는 말은 듣고 지켜 행하되, 그들의 행위는 본받지 말라고 하셨다. 그들은 자기도 지키 지 못하는 일(율법)을, 다른 사람에게는 지켜야 한다며 말씀을 빙 자해서 무거운 짐을 지운다. 그러나 그들은 자기 손가락 하나도 움 직이려 하지 않는다. 그들이 하는 모든 행위는, 사람들에게 보이려 는 것뿐이기 때문이다.

그들은 마치 탐욕스럽고 거만한 세상 유지들처럼, 자신을 추종하 고 아첨하는 자들과 함께 요란하고 호화롭게 출입하며, 거룩한 제

사장처럼 눈에 잘 띄는 종교적인 옷차림을 하고, 교회에서나 세상에서나 무슨 행사가 있을 때마다, 언제나 상석에 앉으려 하고, 회중을 내려다보기 위해 높은 좌석에 앉으려고 한다. 그리고 많은 회중에게 인사를 받고, 존경과 칭송받기를 좋아하며, 인기와 명예를 의식하고 구한다. 그들은 이 땅에서 이미 영광을 다 받았으므로 "하늘나라에서 받을 상급은 없다"고 하셨다.

거짓 선지자들

오늘날 우리가 사는 이 시대에도 수많은 사람이, 각각의 장소에서 하나님께 예배를 드린다. 그러나 예수님 당시 외식하는 바리새인들이나 서기관들처럼, 예수그리스도를 구원자로 영접하지 않은 채, 세상의 어떤 이유(기복)나 공동체의 소속감 때문에 형식적인 예배를 드린다면, 이는 헛된 예배를 드리는 것이다. 그들에게는 마침내 화가 임할 것이기 때문이다. 예수님은 "사람이 보기에는 그들이 옳은 것 같지만 실제로는 외식과 불법이 가득하다"고 하셨다(마 23:28). 선생도 하나뿐이요 지도자도 하나 뿐인데 그분은 바로 예수그리스도시다. 예수님께서는 참 선지자와 거짓 선지자는 "그 열매로 알 수 있다" 하시며, "거짓 선지자들은 하나님 뜻대로 행하지 않고, 자기 뜻대로(불법:자기 영광) 하므로 하나님께서 받으실 영광(열매)이 없다고 하셨다.

마7:15] 거짓 선지자들을 삼가라 양의 옷을 입고 너희에게 나아오나 속에는 노략질하는 이리라 16] 그의 열매로 그들을 알찌니 가시나무에서 포도를, 또는 엉겅퀴에서 무화과를 따겠느냐 17] 이와 같이 좋은 나무마다 아름다운 열매를 맺고 못된 나무가 나쁜 열매를 맺나니

거짓 선지자는 그리스도를 모르는 자들이 아니다. 그들은 제도권(기존 교회 공동체) 안에 있으면서, 경건하게 보이려고 외식하는 바리새인과 사두개인과 같은 부류들로서, 하나님이 받으실 영광을 자기가 받으려고 불법으로 사역하는 자들이다. 또한 교회 제도권 밖에서는 성경을 왜곡하여 가르치며, 자신을 신격화(교주)하는 이단자들이다. 참 선지자는 하나님의 뜻을 따라, 주 예수의 이름으로 하나님의 영광만을 위해 사역하는 반면, 거짓 선지자는 양의 탈을 쓴 이리처럼, 주 예수 이름을 빙자해서, 자기 배(탐욕:명예, 인기, 과시, 자랑, 물질 등)를 위해 사역한다. 그래서 참 선지자는, 하나님이 영광 받으시는 좋은 열매를 맺지만, 거짓 선지자는 하나님께서 받으실 영광을 자기가 가로챈다.

거짓 선지자들은 악한 영을 받은 마귀의 종들로서, 하나님께서 인간에게 주신 구원의 은혜를 도적질하고, 죄의 종이 되게 해서 영혼을 죽이고, 마침내 심판받고 영원히 멸망케 하려는 것뿐이지만, 그러나 예수그리스도께서는 어리석은 죄인에게, 구원의 새 생명을 얻게 하실 뿐만 아니라, 더 풍성한 은혜를 주셔서 하나님의 후사로

영생 유업을 잇게 하신다(요10:10).

불법으로 하는 자들

하나님을 향해 사는 것은 하나님의 뜻(말씀)대로 행하는 것이다. 이는 하나님 말씀으로 인도하시는, 성령께 믿음으로 순종하는 것이다. 마지막 때는 많은 사람이, 천국 문 앞으로 모여들 것이다. 그 때 십사만사천에 속한 사람들은, 그 문 안으로 들어가지만, 그러나 문 한쪽에서는 수많은 사람이 모여 웅성거리며, 들어가지 못하는 것과 같은 현상이 있을 것이다. 그때 예수님이 그들 앞에 나오셔서, 다음과 같이 말씀하실 것이다.

마7:21] 나더러 주여주여 하는 자마다 천국에 다 들어갈 것이 아니요 다만 하늘에 계신 내 아버지의 뜻대로 행하는 자라야 들어가리라 22] 그날에 많은 사람이 나더러 이르되 주여 주여 우리가 주의 이름으로 선지자 노릇하며 주의 이름으로 귀신을 쫓아내며 주의 이름으로 많은 권능을 행치 아니하였나이까 하리니 23] 그때에 내가 저희에게 밝히 말하되 내가 너희를 도무지 알지 못하니 불법을 행하는 자들아 내게서 떠나가라 하리라

열매로 안다

예수님은 사람들이 주여! 주여! 하며, 내 이름으로 능력을 행한다고 해서 다 천국에 들어가는 것이 아니고, 하나님 아버지의 뜻대로 행하는(열매 사역) 자라야 들어갈 수 있다고 경고하신다. 이는 많은 사람이 주 예수 이름으로 능력을 행하지만, 하나님의 뜻대로 행하지 않고, 자기 뜻(이기적)대로 사역하는 사람들이 많을 것임을 시사하심이다. 그래서 예수님은, 내 이름을 부르며 사역한다고 해서 다 인정하시는 것이 아니고, "하나님 아버지의 뜻대로(주님 영광) 사역해야 한다"라고 말씀하신다.

예수님께서 이들에게, 천국 문을 가로막고 못 들어간다고 제지하시자, 그들은 자기들도 들어갈 자격이 있다고 항변하면서, 주의 이름으로 행한 자기들의 공로를 내세웠다. 그들이 주장하는 근거는, 그들 자신의 이름이 아닌 주 예수 이름으로, 선지자 노릇 하고 귀신을 쫓아내며, 많은 권능을 행했다는 것이다. 그러나 예수님은 그들이 주님의 이름으로, 많은 권능을 행한 것은 사실이지만, 불법(이기적인 사역)으로 했다고 책망하셨다.

불법으로 하는 것은 어떻게 하는 것일까? 이는 주의 이름을 빙자해서, 자신을 위해 사역하고(과시, 자랑, 명예 등), 하나님이 영광 받았다고 포장하는 것이다. 예수님은 그들에게 "내게서 떠나라" 하셨다. 성경은 불법으로 사역하는 것에 대하여, 출 애굽한 이스라엘 백성이 신 광야의 가데스에 머물고 있을 때, 모세가 반석에 명하여 물을 낸 사건을 통하여 잘 묘사해주고 있다.

광야의 이스라엘 백성이 물이 없어서, 모세와 아론을 원망하며 공박하고 있을 때, 하나님께서 모세에게 지팡이를 가지고 회중을 모아, 그들 앞에서 "반석에 명하여 물을 내라" 하셨다. 모세와 아론은 지팡이를 가지고 총회를 반석 앞에 모으고, "패역한 너희여 들으라 우리가 너희를 위해 이 반석에서 물을 내랴"하고, 소리치며 손을 들어 그 지팡이로 반석을 두 번 내려치자, 물이 많이 솟아 나와 온 회중과 그들의 짐승이 모두 마셨다.

하나님께서는 모세와 아론에게 백성들을 반석 앞에 모아 놓고, 화를 내며 그들을 꾸짖으라거나, 지팡이로 반석을 두 번 치라 하시지 않고, 단순히 반석에 명하여 "물을 내라"고만 하셨다. 하나님께서는 이 사건으로 모세와 아론에게, "너희가 나를 믿지 않고 이스라엘 자손 앞에서, 내게 영광 돌리지 않고 너희 능력으로 과시했으므로, 너희는 이 백성의 총회를 내가 그들에게 약속한 땅으로, 인도하지 못할 것"이라고 경고하셨다(민20:8~12).

모세가 광야에서 그랬던 것처럼 불법으로 하는 사람들은, 입술로 주여! 주여! 하면서, 주의 이름으로 선지자 노릇 하며, 귀신을 쫓아내며 많은 권능을 행한다. 그러나 그들은 하나님 뜻(하나님께 영광)대로 행하지 않고, 하나님께서 주신 그 능력을 마치 자기 능력인 것처럼, 과시하고 자랑하며, 교만하게 행세하고 우쭐대며, 하나님께서 받아야 할 영광을 자기가 받는다. 그러고는 "하나님께서 영광 받으셨다"라고 한다. 그 결과 하나님께 영광 돌릴 회개에 합당한 열매는 없다(마7:21~23).

말씀과 성령을 분리하는 것은 불법을 저지르는 것이다

　하나님께서는 모세가 반석에 명하여 "물을 내라"고 한, 하나님 말씀에 대하여는, 그 말씀대로 물이 많이 솟아나게 해 주셨다. 그러나 모세가 백성들을 모아 놓고 노를 발하며, "패역한 너희여 들으라 우리가 너희를 위하여 이 반석에서 물을 내랴"하고 소리치며, 손을 들어 그 지팡이로 반석을 두 번 내려친 행위(불법)에 대해서는, 내게 영광 돌리지 않았다고 책망하시며, "이 백성을 약속의 땅으로 인도하지 못할 것"이라고 경고하시므로(민20:8~12), 모세의 사역(불법)은 인정하지 않으셨다. 이는 하나님의 역사(능력을 나타내 주심)는 사람을 따라 나타내지 않고, 하나님 말씀을 따라 역사하심을 보여 주심이다.

　하나님께서는 말씀을 전하는 사람을 따라 역사하시지 않고, 주의 이름으로 선포되는 진리의 말씀을 따라 역사하신다. 사람의 말과 행동은 상황과 형편에 따라 언제라도 변할 수 있지만, 하나님 말씀은 어떤 상황이나 형편에서도, 영원히 변하지 않는 진리이기 때문이다. 성령의 은사는 하나님께서 나타내 주시는 능력으로, 사람의 소유가 아니고 하나님 것으로, 그가 필요한 때에 필요한 만큼 나타내 주시는 것이기 때문이다(고전12:6~7).

　집을 지을 때는 무엇보다도, 보이지 않는 기초가 제일 중요하다. 집의 내 외부를 아무리 멋있게 장식할지라도, 그 기초를 단단한 반석 위에 설치하지 않으면, 홍수가 나고 태풍이 몰아치면 무너지는 것처럼, 하나님 뜻대로 행(사역)하지 않는 사역은, 그 집을 반석 위에 세우지 않고 모래 위에 세우는 것과 같다.

하나님의 뜻대로 행하는 것은, 하나님 진리의 말씀에 믿음으로 순종해서, 하나님 아버지의 영광을 나타내는 것이고, 불법으로 하는 것(사역)은, 광야에서 모세가 반석에 명하여 물을 낼 때 그랬던 것처럼, 하나님께서 나타내 주시는 능력(기적)을 마치 자기 능력으로 착각하고, 그것을 자랑하고 과시하고 우쭐대며, 자기 유익을 구하고는, 하나님께 영광 돌린 것처럼 포장하는 것이다. 하나님 뜻대로 행하는 것은, 하나님 말씀대로 하는 것이고, 불법으로 하는 것은 사람 뜻(생각, 계획)대로 행하는 것이다.

성령께서는 예수님(말씀)만을 증거하시며, 그의 영광만을 나타내신다. 이는 그가 예수님의 것을 가지고, 사람에게 알리시기 때문이다. 성령께서도 언제나 자기 뜻대로 말씀하시지 않고, 듣는 것(진리의 말씀)만 말씀하시는데, 하물며 어떤 사람들은 자기 뜻대로 말하고 행동하고서는, 하나님께 영광 돌렸다고 자랑한다. 이는 성령으로 인도받지 않고 불법으로 하는 것이다.

하나님 말씀과 성령은 어떤 경우에도 분리되지 않는다. 이는 손바닥과 손등과 같은 관계이며, 동전의 양면과도 같다. **진리의 말씀을 무시하고 성령의 권능이 나타날 수 없고, 성령의 권능을 무시하고 말씀의 진리가 증거될 수 없다. 말씀은 언제나 성령의 역사**(능력)**로 그 진리가 드러나고, 또 성령은 진리의 말씀으로 그 사역**(능력)**이 활성화되고 증명된다. 이처럼 말씀과 성령은 열차의 두 레**

일처럼 언제나 평행선을 유지하는 불가분의 관계다.

어떤 사람들은 말씀이 성령보다 더 귀하다며, 말씀 운동을, 또 다른 어떤 사람들은 성령이 더 귀하다며, 성령 운동을 한다며 사람을 모아 놓고, 서로 자기들의 생각이 더 옳다고 주장한다. 그리고 서로가 상대를 조롱하고, 무시하고 비난하고 자랑하고 과시하며 편 가름을 한다. 그러나 성경 말씀 어디에도, 말씀과 성령이 서로 충돌하거나 무시하거나 치우치는 기록은 없다.

그러므로 하나님의 일을 주님의 이름으로 한다고 해서, 무조건 열매 맺는 것이 아니라, 하나님 아버지의 뜻대로(말씀대로) 행할 때, 회개에 합당한 열매(하나님 영광)를 맺게 된다. 하나님 나라는 주의 이름으로 선지자 노릇 하고, 귀신을 쫓아내고 많은 권능(기적과 이적)을 행해서 가는 나라가 아니고, 하나님 아버지의 뜻대로(말씀대로) 행함으로 가는 나라이기 때문이다. 마지막 때가 가까워질수록, 여기저기서 불법으로 하는 자들이 속출할 것이다. 그러므로 혼탁한 이 시대에는, 성령의 능력을 덧입고, 하나님 진리의 말씀을 분별하는 지혜가 절실하게 필요하다.

불의한 자는 그 나라를 유업으로 받지 못한다

교회 공동체에 분쟁이 생겼을 때, 형제들이 모여 그 일을 해결하지 않고, 세상 법정에서 해결하려고 한다. 이는 하나님을 모르는 세상 사람(법정)에게, 하나님의 일의 옳고 그름을 판단해 달라고 사정(소송)하는 이상하고 어리석은 행위이다. 이는 마치 하나님을 모르는 이방인(로마 식민정부)에게, 하나님의 아들 예수그리스도를 심판해 달라며, 십자가에 달려 죽게 한 유대 제사장들과 유대인들의 행위와 다를 바가 없다.

이런 현상들은 자기는 의인이고, 다른 사람은 죄인이라는 바리새인과 같은 편협하고 잘못된 신앙관 때문이다. 이들이 정말로 하나님을 경외하고, 그의 영광에 대한 믿음이 있다면, 절대로 그렇게 할 수 없을 것이다. 이는 하나님 두려운 줄을 모르기 때문이다. 죄인이었던 옛사람이 믿음으로 회개하고, 하나님의 값없는 은혜로, 그의 자녀가 되었다면 자신의 탐욕을 채우기 위해, 주의 이름을 빙자해서 불의한 행위를 일삼지는 못할 것이다.

고전6:9] 불의한 자가 하나님의 나라를 유업으로 받지 못할 줄을 알지 못하느냐 미혹을 받지 말라 음란 하는 자나 우상 숭배하는 자나 간음하는 자나 탐색하는 자나 남색 하는 자나 10] 도적이나 탐람 하는 자나 술 취하는 자나 후욕 하는 자나 토색 하는 자들은 하나님의 나라를 유업으로 받지 못 하리라

위 본문에서는, 불의한 자는 하나님 나라를 유업으로 받지 못한다면서, "세상 유혹에 미혹 받지 말라"고 경고하신다. 에덴동산의 하와처럼 인간이 마귀에 의해 탐욕에 미혹되는 순간, 불의한 행동

을 하게 되기 때문이다. 모든 사람이 믿기 전 옛사람이었을 때는, 미련하여 하나님께 순종할 줄 몰랐으며, 다른 사람들과 마찬가지로 잘못된 길로 빠져들어, 온갖 추하고 더러운 죄를 지으며, 탐욕에 노예가 되어 있었다. 그래서 이웃을 투기하고 미워하며 꼴도 보기 싫어했다. 그러나 긍휼과 자비가 풍성하신 하나님께서, 죄를 깨끗하게 씻어 주시고 성령을 주심으로, 새롭게(새사람) 거듭나게 하셨다. 이는 세상에 존재하는 썩어 없어질 것(몸)으로는, 썩지 않을 것(영생의 부활)을 유업으로 받을 수 없기 때문이다(갈5:21). 하나님 나라의 유업(영생)은 오직 썩지 않을 것(영적인 것:믿음)으로만 되기 때문에, 사람의 뜻으로 난 썩어 없어질 옛사람(죄의 몸)은, 하나님께로 거듭나야 한다. 이는 그리스도 예수를 믿음으로 된다. 그래서 그를 영접하는 자, 곧 그 이름을 믿는 자들에게는, 하나님의 자녀되는 권세를 주셨다(요1:12~13). 그래서 하나님께서는, 말씀에 목마름으로 갈급해하며 사모하는 사람들을 택해서, 약속하신 그의 나라를 차지하는 후사가 되게 하신 것이다(약2:5).

✚ **묵상 가이드**

1. 당신은 회개에 합당한 열매는 맺고 있는가? (눅3:11~14)

2. 당신이 지금 하는 사역은, 하나님의 뜻대로 하는가, 아니면 불법으로 하고 있는가? (마7:21~23)

3. 당신은 알곡인가 쭉정이인가? (마3:10~12)

맺는말

$$\blacklozenge \blacklozenge$$

포도나무 비유

예수님은 "나는 참 포도나무요, 너희는 가지"라고 비유하시며, 열매 없는 가지는 그 농부가 잘라 버리듯이, 사람에게 만일 회개에 합당한 열매가 없으면, 하나님께서 그를 돌아보지 않을 뿐만 아니라, 마지막 때 심판하시겠다고 하셨다.

> 요15:5] 나는 포도나무요 너희는 가지니 저가 내 안에, 내가 저 안에 있으면 이 사람은 과실을 많이 맺나니 나를 떠나서는 너희가 아무것도 할 수 없음이라 6] 사람이 내 안에 거하지 아니하면 가지처럼 밖에 버리워 말라지나니 사람들이 이것을 모아다가 불에 던져 사르느니라

하나님께서는 과실을 맺는 사람은 더 많이 맺게 하시려고, 더 많은 은혜를 베풀어 주신다. 이는 교회 밖에 있는 세상 사람들에게 한 말씀이 아니라, 교회 공동체에 속해 있는 구성원들에게 하신 말

222   열매로 안다

씀이다. 가지가 나무줄기에 붙어 있어야 열매를 맺을 수 있는 것처럼, 그리스도인은 예수 안에 있어야 회개에 합당한 열매를 맺을 수 있다. 그래서 예수님은, "너희는 나와 항상 함께 있어라. 나도 너희와 항상 함께 있겠다. 그렇지 않으면 너희가 열매를 맺지 못한다"고 하셨다.

줄기에 붙어 있는 가지는 줄기로부터 필요한 수분과 영양분을 공급받아, 가지와 잎이 무성하게 되고 시절을 쫓아 과실을 맺는 것처럼, 당신이 예수님 안에 있으면(성령 인도하심), 하나님 말씀을 공급받아 저절로 많은 과실을 맺게 되고, 하나님께 영광 돌리는 예수님의 제자가 된다. 그러나 가지가 줄기에 붙어 있지 않으면, 열매를 맺지 못하므로 농부에게 잘려 밖에 버려지면, 사람들은 그것을 모아다 불에 던져 넣는 것처럼, 누구든지 예수 안에 있지 않으면(성령 인도하심이 없으면) 열매 맺지 못하므로, 마지막 때 불로 심판(불세례)받게 될 것이다. 믿는 자는 예수님을 떠나서는, 아무것도 할 수 없기 때문이다(요15:3~4).

너희가 내 안에(내가 예수님 안에)

예수님은 아버지께로 가시기 전 제자들에게, "너희는 내가 일러 준 말로 이미 깨끗하였으니, 내 안에 거하라" 하셨다. 예수님이 제자들에게 "이미 깨끗해졌다." 하심은, 회개하고 죄 사함(구원)을 얻었으니, 이제 내가 보내줄 성령을 받고, 열매 맺는 신앙으로 성장해야 함을 말씀하심이다. 그러나 제자들은 아직 성령을 받지 못했는데, 이는 예수님께서 아직 하나님 아버지께로 가시지 않았기 때문이다. 성령은 예수님께서 아버지께로 가서야 오시기 때문이다(요 16:7).

예수님은 제자들에게 "너희가 나를 사랑하면 내 계명을 지킬 것이다" 하시면서, "내가 너희를 떠나 아버지께로 가고 없으면, 나 대신 너희와 영원히 함께 있으면서 너희를 돌보아 주실, 또 다른 보혜사를 보내 주시겠다." 하시며 그분을 소개해 주셨다.

"그분은 진리의 영이신데 세상 사람은 그를 받지 못한다. 그들은 그분을 보지도 못하고 알지도 못하기 때문이다. 그러나 죄 사함을 받은 너희는 그를 알기 때문에, 그는 너희와 함께 활동하시고 또 너희 마음속에 계시면서, 내가 너희에게 일러준 말을 지키도록 인도해 주실 것이다. 그러므로 그의 인도하심에 믿음으로 순종하면, 저절로 회개에 합당한 열매를 맺고, 영생 유업을 이을 하나님의 후사가 된다. 이것이 내 안에 거하는 것이다"하시면서, "내가 너희를 고아와 같이 버려두지 않고, 아버지 나라로 데려가기 위해 다시 오겠다" 하셨다(요14:15~18). 예수님께서 말씀하신 대로, 죄 사함을 얻은 당신이 예수 안에 거하는 것은, 성령의 인도하심에 믿음으로 순종하는 것이다. 성령은 예수님만 증거하시는 분이기 때문이다.

내가 너희 안에(예수님이 내 안에)

아버지께서 당신 집에 오셨을 때, 아버지께서 조금도 불편하지 않고, 아버지 뜻대로 마음껏 활동하시도록 배려하는 것처럼, 예수님께서 당신 안에 거하신다는 의미는, 성령께서 당신 안(마음)에서 하나님 말씀으로 자유롭게 인도하시도록 배려하고, 또 그의 인도하심에 믿음으로 순종하는 것이다.

예수님 안에 거하는 증거(새 계명)

예수님께서는 구원 얻은 당신이, 많은 열매를 맺어 하나님께 영광 돌리기를 기대하신다. 이를 위해 당신에게 '이웃 사랑'의 계명을 주시고 이를 지키게 하려고 성령을 주셨다. 그러므로 당신이 예수님께 받은 그 사랑(영혼 구원)을, 이웃과 함께 나누는 것이, 바로 영생에 이르게 하는 회개에 합당한 열매다. 이것이 당신이 예수 안에 있는 증거다.

요15:9] 아버지께서 나를 사랑하신 것 같이 나도 너희를 사랑하였으니 나의 사랑 안에 거하라 10] 내가 아버지의 계명을 지켜 그의 사랑 안에 거하는 것 같이 너희도 내 계명을 지키면 내 사랑 안에 거하리라 11] 내가 이것을 너희에게 이름은 내

기쁨이 너희 안에 있어 너희 기쁨을 충만하게 하려 함이니라
12] 내 계명은 곧 내가 너희를 사랑한 것 같이 너희도 서로 사
랑하라 하는 이것이니라

주께서 "서로 사랑하라" 하심은, 흉악한 죄인이었던 당신이, 예수
그리스도의 피를 믿음으로 말미암는, 하나님의 긍휼과 자비로우신
은혜로, 이 패역한 세대에서 구원 얻은 것처럼, 당신이 주님께 받
은 그 사랑(영혼 구원)의 복음을 이웃에게 전해서, 죽어가는 영혼을
구원하라는 말씀이다. 당신이 이웃과 서로 영혼 구원을 위한 사랑
(예수님께 받은 사랑)을 나눌 때, 그 사랑 나눔으로 예수님이 주시는
기쁨이, 당신 안에서 당신의 기쁨으로 충만하게 된다(요15:9~12).
예수님께서 당신을 죄에서 구원하시기 위해 당신을 사랑하신 것
같이, 당신도 이웃을 구원하기 위해 서로 예수님께 받은 사랑을 나
누는 것이, 그의 계명을 지키는 것이며, 또한 그의 사랑 안에 거하
는 것이고, 그가 당신 안에 거하는 것이다. 이때 회개에 합당한 열
매는 저절로 맺혀진다.